街巷 故事

（三）

◎济南市市中区文联／编

图书在版编目（CIP）数据

街巷故事：全四册 / 济南市市中区文联编. -- 济
南：济南出版社，2021.5
　　ISBN 978-7-5488-4665-9

　Ⅰ.①街… Ⅱ.①济… Ⅲ.①城市道路—介绍—济南
Ⅳ.①K925.21

中国版本图书馆CIP数据核字（2021）第079970号

出 版 人　田俊林
责任编辑　朱　琦　代莹莹
封面题字　马兴园
装帧设计　戴梅海
出版发行　济南出版社
地　　址　济南市市中区二环南路1号（250002）
发行电话　（0531）86131729　86131746
　　　　　　　　　82924885　86131701
印　　刷　济南龙玺印刷有限公司
版　　次　2021年5月第1版
印　　次　2022年3月第1次印刷
成品尺寸　170 mm×240 mm　16开
印　　张　60
字　　数　540千
定　　价　399.00元（全四册）

（济南版图书，如有印装质量问题，请与印刷厂联系调换）

《街巷故事》编委会

主　　编　马兴园

编　　委　陈　忠　王　川　钱欢青
　　　　　黄鸿河　杜东平　聂　梅
　　　　　江　丹　徐　征　徐　敏
　　　　　徐从芬　付修红　傅　悦
　　　　　许　政　朱　梅　宋金善
　　　　　宋晓妍　王　刚　王　烨
　　　　　程立国　潘雅楠　高舒娅

美术总策划　海　珠

序言 / 在街巷故事里，寻找城市的温度

如果我们把一座城看作一棵大树，那么，纵横其间的街巷就是这棵大树上壮硕的枝条，流传在街巷中的故事，则是这些壮硕枝条上长出的绿叶。济南是历史文化名城，街巷星罗棋布，故事四处流传，矗立在济水之南的这棵"大树"，枝繁叶茂，绿意盎然。

由济南市市中区文联编纂的《街巷故事》正是这样一套打捞街巷故事，并将它们永远留存的书。这套书此前已出版两册，如今，《街巷故事》（三）也正式出版了。《街巷故事》（三）共包括四里村街道、杆石桥街道、大观园街道、魏家庄街道和泺源街道五个街道。这五个街道几乎可以说是市中区的"CBD"：不仅高楼林立、车水马龙，而且历史悠久、人文荟萃。在既有历史往事，又有现代发展的街巷故事中，我们感受到的，是一座城市恒久而火热的温度。

历史深处的人文景观，无疑是城市温度的重要来源。在大观园街道，街道经纬分明，步道法桐成荫，众多中西合璧的优美建筑星罗棋布，呈现出独特的魅力。比如，位于经二路上的瑞蚨祥绸布店就是这样一座百年老建筑。瑞蚨祥的沿街铺面左右突出两个小间，顶上各修一小方亭，格外醒目。在不同年代的经二路老照片中，两个小方亭总能让人一眼就认出瑞蚨祥。如今漫步在经二路，看到这小方亭，心里自然会涌动起一股历史的温情。

曾经的大观园和济南的曲山艺海也紧密相关。济南曲艺发达，曾与北京、天津同被誉为中国曲艺三大码头。大观园当年的"舞台"，荟萃全国曲艺名家。2017年，济南曲山艺海博物馆正式对公众免费开放，而这座博物馆的位置，就坐落在大观园附近的魏家庄街道民康里路东，是省级文保单位山东红万字会诊所的旧址。此处现存南北两进院落，平面呈"日"字形，坐北朝南，砖木结构，是济南近代建筑中保存最完整的一处四合院楼式建筑。老建筑与博物馆陈列交相辉映，令人流连忘返。此外，四里村街道的英雄山、八一立交桥等故事，彰显出济南的英雄气概和城市建设发展，同样是令人难忘的城市记忆。

　　城市的温度，还来自生活其中并无限热爱这座城的人。如果说这本书是以街巷地理为"网络"，那么，生活其中的人们，真正让这"网络"有了精气神。比如，杆石桥街道办事处春元里的一家私人博物馆"齐泉书屋"，其主人是已经七十多岁的崔兆森老先生。他对"时光"的收藏，没有任何功利，却体现着深厚的家国情怀。为了收藏，他付出了超常的精力与物力，甚至为寻遗补缺而踏破铁鞋、不遗余力。这个过程丰富了他的收藏故事，也见证了他与时光同行的扎实步履。又比如，一手打造了小广寒电影博物馆的李建军，他来自内蒙古，却被媒体称为济南"城市记忆的守护者"。他是一名烹饪大师，却牵头成立了济南市老建筑文化旅游促进会，并融合多方力量，策划、组织、举办了济南市第一届老建筑文化旅游节、"秦琼故里，济南寻福——济南市秦琼文化旅游节"，使之成为济南的知名文化旅游品牌。这位异乡来客已经成为济南城市文脉的传承人、济南故事的传播者。

　　城市的温度还来自自我更新的能力。比如，正在等待城市更新的泺源街道上新街，在《街巷故事》（三）中我们可以看到，济南市考古研究所所长李铭曾依据自己的调查素材写成了《关于对济南上新街片区近代特色民居院落及建筑进行保护性开发的建议》，提交相关部门。他认为，考证济南近代民居院落的发展轨迹，上新街不可或缺，这种里弄式的组合院落在全市恐难以找到。而且，上新街毗邻趵突泉，在万字会、广智院、原济南共和医院和原齐鲁大学旧址这一区域内起到了纽带作用，这种区位优势尤为珍贵。相信经过城市更新，上新街的传统建筑，能在新的时代继续讲述属于它、属于这座城市的动人故事。

　　值得一提的是，《街巷故事》（三）不仅系统梳理了这五个街道的街巷故事，而且文笔优美，充满人文情怀，所以我想引用本书中魏家庄街道馆驿街一篇的开头，作为这篇序言的结尾——"有人说，每个人都是一个世界。城市里每一条街，同样是一个世界。它们勾连着历史，见证着变化，刻印着岁月沧桑。它们就像一个个舞台，人来人往，演绎着一出出命运的悲喜。在时间长河中，它们能砥砺出一种独特的浩荡气质"。

济南市市中区文联党组书记、主席　马兴园

2021 年 10 月 10 日

目　录

第一编

四里村街道

四里村：日军铁蹄下被迫迁出的村庄

曲径弯弯路难行，车碾泥泞砖瓦红。

沟壑坟接回民地，荒坡窑栖汉人丛。

五湖四海皆兄弟，八不贴里情意浓。

人心淳朴互谦让，街坊邻居穷帮穷。

　　这是一首描写旧社会四里村当年状况的七言诗，四里村是经十路上的一个普通村庄，也是我小时候读书学习的地方。学校最早叫济南市四里村小学，20世纪60年代末更名为济南市英雄山小学。这所学校是新中国成立后建起来的一所贫民小学，校址在四里村村中心一块平整的高地上，新中国成立前这里曾是回民的林地。我上小学的时候，校院东墙根上还遗存着两座回民墓。最近看到有些介绍老济南街巷由来的文章，说四里村是因为靠近四里山而得名，而且许多报刊网络也以此版本转述。其实这是望文生义，以讹传讹，真正的四里村来历不是这样的，原来的四里村也不在这个地方。

　　原来的四里村在哪里？这事说起来还真有些曲折。

　　20世纪20年代末，现在的四里村这一带，东边是一条山水沟，中间是一块西关里回民的墓地，周围有几块大小不等的庄稼地，西边那段是军阀张宗昌主政山东开发商埠时建起的一片窑坑。当时还没有经十路，除了村中心偏西位置上那块回族公墓地势较高也比较平坦外，其他到处都是一片荒芜乱岗。当时这里住着三四户看坟地兼做佃户的人家。最早来的是从济宁逃难来的李大臭、李二臭兄弟，再就是历城县南高尔村随母亲要饭来的王同和、王同礼兄弟，以及北高尔村的王振才一家，还有回民杨建功一家，杨家就住在后来的英雄山小学校门口东边，路西是拐往村西的一条弯路。1931年春天，我同学的父亲，13岁的邱家奎也从嘉祥县老家来到济南，投奔到姑父李大臭这里，帮忙看林种地，混口饭吃。地主是西关永长街的回民马道成，另一位地主姓金，是家住西关麟趾巷的金树鑫。此时四里村有个名字叫小庄，而真正的四里村并不在这里。

真正的四里村在哪里呢？在现在的经七纬二路口西南角，就是现在的山东农业银行大厦附近，当时有二十几户人家，是个自然形成的村落。这里没有地主，居民多是从柳埠、万德、仲宫等地进城讨饭来的山民穷户，也是租马道成、金树鑫家的地种庄稼，佃户们多是种点谷子、高粱，农闲时还要进城打工要饭，过着半年糠菜半年粮的苦日子。因此处距济南老城西门大约四里路，往南不远处还有座四里山，马道成、金树鑫就和租地的刘永庆、王月进、刘安同、陈嘉良等人商量，"起个名字叫四里村吧"。为啥没叫四里庄呢？因为往西不远处还有个三里庄和五里沟，那时候叫村的很稀罕，老城里那边只有一个七家村，老商埠这边只有一个四里村，其他地方都叫庄、街、胡同、里啥的。

1937年7月7日，日本侵略者突然发动"卢沟桥事变"，大举进攻中国。当时的山东军阀韩复榘为了保存实力，不顾民族大义消极抗日，放弃黄河天险、丢掉山东省府济南逃到了泰安，当年年底日军就打进了济南城，让济南老百姓做了亡国奴。1939年，日本人在小纬二路南段路西设立了宪兵队；1940年，又在斜马路设立了特务机关"梨花公馆"，在经七路小纬二路附近拉起了铁丝网围墙，设立了一座大哨卡。佃户们外出种地，去六里山、七里山打石头，跑运输都要经过哨卡。每次进出都必须给日本人鞠躬，鞠躬不规矩还要重来，还要遭日本人的搜身打骂，经常还要挨日本人"电光"（即"耳光"）。国家山河破碎遭受侵略，老百姓又能有什么办法？佃户们气不过，为了免遭日本人的羞辱和欺负，便陆续迁到西关回民公墓的周围，挖"地屋子"居住。因为日本人迷信，一般不到墓地骚扰。所谓"地屋子"，也叫"地窝子"，就是在地上挖一个坑，上面用树枝弓形棚起固定好，再罩上草苫子，用它来避风挡雨，一个地窝子能躺下一两个人，冬天冷夏天热，住起来苦得很。

　　比较早搬过来的是市中区武装部原部长刘家祥的父亲刘永庆，刘家原籍历城县扳倒井村，有七个儿子一个女儿，刘家祥是最小的儿子，2016年时已经85岁高龄，头脑清晰，身体仍比较健康。随后是王月进、陈嘉良、刘安同等佃户们也陆续搬了过去。因为小庄名字不起眼，有人便提议还是用原来的村名，"因地处原址的南边，就叫南四里村吧"。因为叫的人多，所以后来小庄这个名字基本上就无人再提了。而原来的四里村后来就成了北四里村。因原四里村搬迁后基本无人了，剩下的几户也迁移到了路南与建国小纬五路合并，后来改称叫新安菜市场街，该街20世纪80年代已拆迁，后来就逐渐被人们淡忘了。而现在的四里村，直到20世纪80年代初，门牌地址上还是写着市中区南四里村某某号，比如家住村西头的老户邱玉明，就清楚地记起自家的门牌号是南四里村16号，家住村北边的曹静林是南四里村78号。直到1985年，政府统一更换街道门牌时才把"南"字去掉。

　　四里村周围新中国成立前原本很荒凉，遍布着沟壑和废弃的砖窑坑，没有一条像样的路可走。后来在村西边，就是现在的机床一厂宿舍、岔路街、济南木器一厂等处地址上建起了济丰砖瓦窑厂、裕记窑厂、裕顺砖瓦窑厂、永和东砖瓦窑厂四家窑厂，因而变得兴旺起来。裕顺、裕记窑厂的老板姓冯，馆驿街人，是个高个大胖子，体重300来斤，拉黄包车的都不愿意拉他，嫌他太胖，而且他坐车也不多给钱；济丰砖瓦窑厂的老板姓董，永和东窑厂老板是王月进，四里村的老人，日伪时期当过多年伪保长，发了几笔横财，济南解放前夕逃到了青岛，后来就不知所终了。解放后，几家窑厂在1956年进行了公私合营，后来分别迁到了梁家庄和狼猫山（即郎茂山），是原济南国营砖瓦一厂和济南石料厂的前身。四里村北边的几座小窑新中国成立后拆除，建起了石料厂职工宿舍大院，原来连接几座石灰窑之间的曲径，修成了一条靠近现在的经十路，通往各家各户的弯曲小路。

20世纪三四十年代，因窑厂兴旺，窑工增多，也带动了其他产业。西关回民葛长玉等人就在四里村建起了六七处大杂院，盖的都是草坯屋，伸手能摸着屋顶。每院八九户人家，一间屋十几平方米，每月房租是6斤小米。房东葛长玉瘦高个、大鼻子，每月来收房租都是穿着西装，头戴礼帽，金丝边眼镜，手里拿一根文明棍，坐黄包车，人倒是很和气。他有一个习惯性动作，就是到了谁家门口都是用文明棍画一个圈，嘴里说一句："准备好了吗？6斤小米。"再一个是西关里赶马车的回民车老板陈稳当，好武功，爱摔跤，常穿一件敞领白汗衫、黑灯笼裤、圆口布鞋，上马车从不扶辕，而是两腿一夹往上蹦。人很仗义，爱打抱不平，也是因为不满日本人的凌辱搬到了四里村，新中国成立后移居去了青海。邱家奎、刘家连、王振才等人都是租他的马车跑运输，把从六里山、七里山采的石头，从裕丰、大兴等窑厂拉的砖瓦、石灰送往老城里南门外和杆石桥、大观园，经四路和北商埠、工商河成丰桥码头等处。

新中国成立前，四里村的村民来自四面八方，有济宁、泰安的，有德州、聊城的，绝大多数人都是出来打工混穷的，有在南山打石头的，有烧窑的，混得好点的是赶马车跑运输的，可以说都是穷人中的穷人。新中国成立后，四里村建立了党的基层组织，成立了四里村街道办事处和四里村（英雄山）派出所，在村子中间建起了济南市英雄山小学。新中国成立前这里是回族公墓，20世纪60年代末，我上小学的时候，小学操场东边还有两座很规矩的坟墓，学校的水泥乒乓球台就垒在那里，下课后学生们抢乒乓球台玩得很欢，也没有人害怕。20世纪50年代，四里村党组织响应党中央毛主席的号召"讲究卫生，减少疾病，提高全国人民的健康水平"，在村民委员会的组织下，对街道进行了规划整理，把随意住的四处分散的居民尽量靠拢起来，把坑坑洼洼的街道填补平整，规划修建了两条东西主道、两条南北主道，20世纪60年代末，又改造成了柏油路，再也不会"晴天一身土，雨天两脚泥”了。村子里还安装了7处自来水管，修建了5处公共厕所。村子中间建起的两条虽不算宽但南北通行的小路，把原四里村办事处、英雄山派出所、托儿所、粮店和副食品店都设在这两条路线上；后来办事处又办起了一家集体木箱厂，解决了40多位家庭妇女和残疾人的就业问题。村东路边还建起了3处车辆修理店、1处国营大菜市场，每到冬天，成排的大白菜垛、青萝卜垛堆放在路边上，那时候天冷得很，上边下边铺盖着草苫子、棉被子，但仍有部分白菜、萝卜、胡萝卜、圆葱被冻成一个个冰疙瘩。

　　当年街道办事处还统一规划建起两条较宽的东西道，东口都连接英雄山路，左边路西口连接到英雄山小学和原济南军区后勤部宿舍，右边一条路从英雄山小学身后穿过，再往西北拐通到经十路，出口正对着原济南军区司令部大院。四里村的出名与原济南军区分不开，而且大大提高了四里村的知名度。原济南军区在四里村北边经十路建立了司令部，在村子南面经十一路建立了后勤部，在村子西边建起了一座很大的后勤部家属院，家属院每周末晚上放露天电影，活跃了村里人的生活。周围四里村、信义庄、岔路街、小梁庄、机床一厂宿舍的孩子们，或翻墙偷爬进去，或骑在墙上看《地道战》《地雷战》《英雄儿女》《打击侵略者》；后勤部还在村子南面建起了四座将军楼，将军楼里住过济南部队后勤部部长；还在村子东边建起了一座当年在济南很有名的军区服务大楼，能买到市场上紧俏的商品，是济南商界的佼佼者，20世纪80年代交给了地方，更名为山东省华联，成为济南市商界著名的五朵金花之一，现在是银座商城。

　　原四里村的村民主要由五部分组成：一部分是最早的佃户，多来自南部山区泰安、万德、柳埠、仲宫一带；一部分是从北四里村迁来，新中国成立后加入了英雄山农业社；一部分是烧砖瓦的窑工，多来自聊城、东阿、齐河、焦庙一带，新中国成立后多数进了济南石料厂和济南砖瓦窑厂；一部分是赶马车、拉黄包车的，有些还是佃户们的后代，新中国成立后进了信义庄第五运输合作社，后来成为国营济南市第一、第二运输公司，市中区运输公司；还有一部分则比较复杂，多是白天开小铺摆小摊，青黄不接时外出要饭的，少数晚上也有兼做暗门子的，这样的人家也有十几户，多住在村边沟沿上。1948年济南解放时，又从太平庄迁来十来户人家，多住在村西头，有曹思明曹金玉父子，刘姜氏刘汝金母子等，此时四里村已有村民近百户，到1988年第一次拆迁前村民已达700多户。1988年，第一批200多拆迁户搬到了郎茂山小区北区；1990年，第二批300多户搬到了玉函小区北区；剩下的住户2019年前也已全部搬迁完毕。但值得高兴的是，后来政府安排部分居民进行了回迁，这样便可以保留住老四里村的一部分血脉。

四里村人来自天南地北，户户都是拖儿带女背井离乡来到这里，他们懂得谋生的不易，特别重视邻里关系，重视互相帮助。老人们常说，"越经历过艰难困苦的人，越懂得体贴帮助他人"。四里村虽然是一个村民之间没有血缘、没有渊源的八不贴村，但大家住在一起几十年都是互相关照，互相谦让，绝不为争利而相对，这或许是因为穷人更能体会到帮助人和被人帮所得到的感恩和快乐，这应该同他们的艰苦经历有关。如今，即便是因为拆迁而使街坊们居住距离远了，但50岁以上的老人们逢年过节还是要挨家挨户拜拜年，或让儿女去看看对方的老人，谁家有红白喜事，只要一招呼，大家还是要聚到一起见见面，诉说一下彼此的牵挂。如果说到民风，这可能是四里村人最认可的可以延续和传承的民风。

今天的四里村早已经"旧貌换新颜"，业已完成了旧村棚户的彻底改造，建起了三栋拔地而起的摩天住宅大楼，周围新建的银座商厦、山东电信大楼、八一立交桥紧密环绕。如果从经十一路走进四里村，整洁的街道就像走进了一个大大的"人"字，左边一撇通向了宽阔的经十路，右边一捺指向了英雄山路。昔日坑洼不平的窄道一去不复返了。前几天我又一次漫步在四里村，这个我小时候每天都要走过的地方。原英雄山小学及周围房屋已经变成了一片高楼大厦。我突然想起经十路沿线王家庄、信义庄和四里村三个老村庄，新中国成立前原是一个联保，总计也就100多户人家。新中国成立后，随着城市的大发展，过去的村庄已被迅猛拓展的城市所吞没。三十年前建山东省体育中心，王家庄旧址已经彻底被埋在了体育中心脚下，二十年前信义庄实施旧村改造，而今天的四里村呢？我猛抬头，突然看到了我小时候就熟悉的几株老梧桐树，它们不下70岁了吧？最大的那棵树冠占地近半亩，它们在炎炎烈日下顽强地活着，倔强地挺着身昂着头，似乎在告诉人们我才是这里的主人。此刻，我真诚希望建设者们能把这几株大树留下，作为老四里村存在的见证，让斑驳满身的老树记录起历史长河中走过的一段时光。

（黄鸿河/文）

最美不过英雄山（上）

济南地势南高北低，东西南三面环山，北面还有"齐烟九点"，清乾隆三十八年（1773）《历城县志》记载："历城之山，无虑皆分自长城岭矣。"县志中所述长城岭以北山岭大概有130多座。如果今天说哪座山最美、哪座山名气最大，我觉得应该是"龙洞千佛华不注，最美不过英雄山"。

一座城市，把英雄的陵园筑在市中心的山顶，这是城市的光荣。想想看，还有比英雄山下埋忠骨更有名气的山吗？还有比"为了新中国前进"而牺牲的英雄们长眠之地更美的山吗？

英雄山被誉为红色"城中山"，业已形成著名的英雄山风景区，总面积约四平方公里，包括原四里山、马鞍山、五里山、六里山、七里山等五大风景区，还有济南战役纪念馆、英雄广场、胜利广场、赤霞广场、利民广场、英雄山文化市场等大众休闲健身娱乐购物区，是公认的济南市最聚人气的地方。

英雄山的由来

英雄山最早叫赤霞山、四里山。明清时代山上遍布野生黄栌，秋天叶红如炬，霜打后更是紫红透背，把整座山渲染得香气四溢，红霞满山，又因赤霞山山体突兀，朝晖夕映，山体金光闪烁如落日红霞，因此得名赤霞

《济南战役纪念馆》　海珠　绘

山。文人骚客在山间吟诗唱和，如明代"历下四诗人"之许邦才《九日于麟招登四里山》诗："山头对酌夕阳斜，下见湖城十万家。剩有登高酬令节，何人正不负黄花。"

英雄山为何又叫四里山呢？济南这座老城，是由宋代齐州古城做基础，明洪武四年（1371）始建的明府城扩建延续而来的。明府城大体框定了其后600年济南老城府的规模，城有四门，东曰齐川门，西曰泺源门，南曰舜田门，北曰汇波门，泺源门是进出济南府的主要通道，简称西门。明洪武九年（1376），朱元璋把山东承宣布政使司、提刑按察使司、都指挥使司三司衙门由青州迁到济南，从此济南成为山东省省会。因赤霞山距泺源门约四里路，乡人为方便记里程，便取名四里山，后面还有六里山、七里山、八里山。《历城县志》曰：八里洼"又西北，复起为八里山，以去城八里故名，明尹旻墓在山之阳。又北为六里山，明陈九畴墓在山之西。又北为会仙山，一名马鞍。其西为四里山，又名赤霞山"。

为什么进城要走西门呢？因为明清民国时期，今天的英雄山路、玉函路、舜耕路还是三条又深又宽的泄洪沟，人们不方便从四里山下往东翻越沟壑走进（南门）舜田门。

济南的英雄山之名，起源于毛主席追忆和缅怀革命烈士。

1952年10月27日，毛主席来济南视察工作，他在山东军区司令员许世友陪同下，来到了四里山烈士陵园，专门来看望黄祖炎烈士。黄祖炎是江西省南康县人，原山东军区政治部副主任，曾在毛主席身边工作了四年，1933年担任秘书工作，两度出任苏维埃中央人民政府秘书长，毛主席同他的感情很深。1951年3月13日，他在参加一次工作会议时，被混入革命队伍的阶级敌人王聚民杀害。

毛主席在许世友陪同下首先来到黄祖炎的坟前，鞠躬后充满深情地说："祖炎同志，我来看你了。"许世友告诉毛主席，四里山上埋着1000多名革命烈士，其中许多是在济南战役时牺牲的。毛主席抚摸着黄祖炎的墓碑，十分感慨地说："青山处处埋忠骨，你们山东对烈士的抚恤工作做得不错，这么多烈士埋在这里，四里山可真是英雄山啊。"从此，四里山又有了一个响亮的名字——英雄山。四里山正式更名英雄山是在1968年10月，这一年英雄山"革命烈士纪念塔"隆重竣工，同时更名的还有今天的英雄山路、原英雄山人民公社、英雄山大队和英雄山小学。自1970年以后，老济南们开始习惯称呼四里山为英雄山。

英雄山烈士陵园

英雄山烈士陵园是1948年9月济南战役胜利后，1948年10月15日，由济南特别市政府姚仲明市长主持，各界代表会议决定在四里山、六里山之间修建烈士陵园。1949年4月12日，又成立由张云逸、许世友、郭子化等21位同志组成的"山东省纪念革命烈士建筑委员会"，委员会决定将山东省革命烈士纪念塔修建在济南四里山，以纪念为创建新中国而英勇献身的先烈们，当年6月即请毛主席亲笔题词，1949年11月28日，纪念塔在四里山山顶奠基。后因财政困难以及土地改革、抗美援朝、公私合营等工作繁忙而暂停，期间开始修建烈士公墓，直到1957年4月26日，省长办公会决定成立以省委统战部部长马保三、彭嘉庆等组成的纪念碑筹建委员会，征集建塔整体方案。1963年3月，由山东省城建局建筑设计院总工程师伍子昂主持设计，方案完成后由我国著名土木工程师，当年参加主持过省工业展览馆、山东师范大学毛泽东塑像工程的褚璞任总建筑师。

1964年10月，经民政部批准，建碑（塔）工作正式开工，经过四年精心施工，日夜奋战，1968年10月，英雄山革命烈士纪念塔工程竣工，同时完成四里山山顶平台铺装、山南坡台阶和山下立交桥、东环山路以及山北坡两条石阶盘山路的施工。1969年10月，"济南市英雄山革命烈士公墓管理处"成立。1973年，更名为"济南市英雄山革命烈士陵园"，是山东省第一批省级重点建筑保护单位；1989年8月31日，被中华人民共和国民政部定为全国第二批重点烈士纪念建筑保护单位；2005年，济南革命烈士陵园和济南战役纪念馆被中共中央宣传部、国家旅游局等13个部门确定为"全国首批百家红色旅游经典景区"。

英雄山革命烈士纪念塔高34.32米，耸立于海拔106米的英雄山山顶，塔身内部由钢筋水泥浇注，外部采用乳白色花岗岩石砌成，建塔技术要求非常严格，每块岩石全靠工人一锤一凿打磨平整，然后用稻草苫精心包裹，塔体每平方米平整度误差不超过2毫米，石缝间隙不超出5毫米，这在建筑技术中要求是很高的。塔顶嵌有两枚鲜艳夺目的五角红星，是用12块朱红色花岗岩石雕刻集成的。塔身南北两面，毛主席亲笔题词"革命烈士纪念塔"七个镏金大字熠熠发光。据陵园资料显示：七个大字每字平均2.8平方米，刻字贴用黄金5.167两。塔身基座两层双面浮雕红旗、菊花、荷花、万年青、向日葵图案由北京雕刻厂工人一丝不苟雕刻完成。

为了中华民族的解放，济南战役中我军有5101名指战员血染泉城，在当时特殊环境下，多数烈士只能"捧土为墓，削木为碑"，散葬于市区各地。1950—1964年，政府先后寻找到1491名散葬烈士，迁入英雄山烈士陵园，其中有722名烈士未能留下姓名。2011年9月，又从现市中区陡沟办事处郑庄村迁葬烈士13名，他们是华野13纵队的战士，济南战役打响后从西线外围进攻时壮烈牺牲的。现烈士墓区共安葬革命烈士1611名，其中著名烈士有王尽美、邓恩铭、刘谦初、鲁伯俊、马保三、黄祖炎等23名。

英雄山下的"大镜子"

胜利广场门前，如今是英雄山风景区最热闹的地方，打球的、跳新疆舞的、扭秧歌的、踩高跷的、敲锣打鼓的此起彼伏，一浪高过一浪。但40年前这里可是宁静得很，老百姓习惯称这一带叫"大镜子"。名由何来呢？

1959年春天，根据山东省委省政府对英雄山片区统一规划，在马鞍山东面建设南郊宾馆，同时南迁张家庄、安家庄，组建张安新村。沿四里山、马鞍山开辟一条宾馆路，东起今天的舜耕路，西至英雄山下北拐连接经十路、经十一路，1982年，更名为马鞍山路。当年在这条新建路的拐弯处，为了安全起见，公安部门安装了一面广角镜，这样来自两个方向的车辆错车时能相互看到。这种凸型的交通镜有些像"哈哈镜"，当年很稀

《英雄山胜利广场》 海珠 绘

罕，所以周围王家庄、邮电新村、信义庄、四里村、自由大街、二七新村等地的老百姓给它起了个土名"大镜子"。虽然名字土，但当年叫得却比马鞍山路还响："走啊，去大镜子凉快凉快去。"

当年"大镜子"往东的路两边全是果园，路南是桃园，连接到马鞍山下果品仓库，就是现在的英雄山文化市场，东门往东到玉函路是核桃园和奶牛养育场。盛夏时"五月红"硕果累累，拳头大的蜜桃、蟠桃结得比树叶还多；路北面是苹果园、梨园、樱桃园，果园北靠经十路，东接千佛山，面积比现在的植物园还要大很多。那时果园里春天桃花粉红、梨花雪白，金秋时节，熟透的苹果香飘万家，马鞍山路周围简直就是天然的氧吧。路两边还有郁郁葱葱的毛白杨和梧桐树，特别是梧桐树巍然屹立，遮天蔽日，夏天晒不着，小雨淋不着，英雄山下真是休闲娱乐的绝佳之地。用济南人的话说："走啊，英雄山抖抖风去。"

此话一点不虚，有关部门早已慧眼定位，二十年前就已经把这大片果园变成了华夏齐鲁文化城、医疗保健品城、新世界商城、黄金珠宝古玩城、济南园林花卉批发市场。而且建成了全市唯一的国家级特色商业街——英雄山文化休闲特色商业街，以及山东省最有名的古玩市场——英雄山文化市场。

"来晚了"——英雄山上特有的喊山号子

英雄山是晨练的好地方，许多人早于城市黎明，黑夜中来到山前，一句"来晚了、来晚了"响亮的长腔在山谷中回荡，这句耳熟能详的济南老话，不知能勾起多少老济南的回忆，能把多少白发苍苍的老年人带入那个激情燃烧的岁月。

"来晚了"是英雄山上特有的一句喊山号子，从1964年到2015年，半个多世纪，几乎每天都有人从早五更喊到天大亮，山友们一呼百应，从山下一直喊到山顶，中间还伴随着似曾相识的笑声。公认最有名的喊山人是嗓音洪亮，家住历下区后油坊的张大爷，山友们送他个绰号叫"老山宝"。老人家是山中名人，擅长练"五禽戏"中狗熊攀树功，多人与他相识，若健在应该有100岁了。如今，曾经喊山的人们都已经老了，随着人们对烈士陵园的肃然起敬，山友们喊山的习惯也已逐渐消失，不知现在的人们了解英雄山上喊"来晚了"是怎么形成的吗？

那是1964年，英雄山革命烈士纪念塔开始建设。刚刚战胜了"三年困难"的工人农民兄弟，400多人来到四里山上，这些跟着共产党"砸烂旧世界，翻身得解放"的穷苦人，他们最知道旧社会的苦难，最珍惜新中国的幸福生活，为革命烈士修建陵园，他们发自内心地赞成。四里山上原来有座玉皇庙，年久失修，早已坍塌。抗战时期，日本侵略者为修建"神社"砍光了满山遍野的松柏、黄栌，在废弃的玉皇庙址上修筑了碉堡。抗战胜利后国民党又在山前修筑了两座地堡。建设革命烈士纪念塔，就是要清除日伪、国民党时期遗留在山头的工事，然后重新打好坚实基础，两座地堡保留至今，成为那时民工们的临时住处。

当年来参加烈士陵园建设的工匠们，都是从各地挑选的名师名工匠，有国营建筑工程公司一工区第二施工队，有从平阴调来的"焦家五虎"家族石匠队，有从章丘相公庄、垛庄调来的"石匠之家"石匠队，还有从历城孙村调来的石匠队。在这些匠人中有不少是干过1959年人民大会堂、人民英雄纪念碑等"北京十大建筑"的能工巧匠。大伙在工作中早出晚归，义务加班加点。据当年负责垒砌烈士塔身的高德亮大爷讲："每天天没亮，工人们就自觉来到工地开始干活，都工作认真负责，没有偷懒的。"大家熟悉了以后，早到的就调侃晚到的"来晚了、来晚了"，迟到的就跟着自嘲"来晚了、来晚了"，于是大伙便哄堂大笑，其实天还未亮，都是提前到的工地。时间长了，这句"来晚了"就成了建设者的口头禅，成了建设英雄山烈士陵园的流行语。谁曾想，这样一句带有革命乐观意义、革命理想主义色彩的口头语竟然传遍了英雄山风景区，传遍了济南市，流传到后来的半个多世纪，至今还被那些老济南们所津津乐道。

（黄鸿河/文）

最美不过英雄山（下）

蝈蝈、画眉鸟叫响的市场春天

英雄山风景区自然景观丰富，历史文化悠久，有优越的地理位置和便捷的交通设施。1985至1995年间，这里曾经是全国最大的马路市场。市场东到马鞍山路，西到信义庄街口，南到英雄山下，北到经十路。那些年正赶上工人下岗，经十一路两边，邮电新村西墙外的树林中，全是摆地摊的。英雄山市场不仅济南人来玩，天南海北的人也来玩，甚至外国人也闻名而来，嘴里还不住念叨着"Happy、Happy"。

到了周末或节假日，这里完全是人山人海，车水马龙。摊位相接，百货相连，像鞋帽衣衫、烟酒糖茶、柴米油盐、果蔬蛋奶、鸡鸭鱼肉、笔墨纸张、琴棋书画、瓷器古玩、红木家具、花草虫鱼等，吃喝玩乐、百货百色，想啥有啥，其中最有名的就是"亮亮拉面"，小餐饮也能带来大产业，让人眼前不禁一亮。

亮亮拉面应该是济南第一家"兰州拉面"的引进者。这对吃惯了凉面、打卤面、清汤面的济南人来说，20来岁的亮亮，把手中的面团熟练地揉打抻拉，做出的面条粗细均匀，再配上酱牛肉香菜丁，热气腾腾的拉面给济南饮食业带来一股春风。一时间顾客摩肩接踵，"走，吃亮亮拉面去"成为一种时髦，喝两杯啤酒，吃一碗筋道实惠的亮亮拉面"刚赛来"，得排号。

40年前的"大镜子"，这么一个宁静清凉、消夏避暑、散步晨练、谈情说爱的地方，能自发兴起一个火爆的马路市场，而且持续热闹多年，这与当年的社会背景分不开。1981年，国家出台政策允许个体经营，20世纪90年代初，国家经济体制改革，国有企业、集体企业由计划经济向市场经济转换，大批企业职工离岗分流，解决再就业已是燃眉之急，怎么办？

此时，英雄山下小蝈蝈、画眉鸟和京剧国粹的先后出现功不可没，它直接为后来的英雄山地摊经济、文化市场、古玩市场等的"觉醒"起到了大作用。对了，英雄山文化市场，华夏齐鲁文化城、新世界商城就是从蝈蝈、画眉鸟的叫声中引发的，是从京戏的委婉唱腔中兴盛的。可能多数"80"后已经不清楚其中的来龙去脉了。

说来话长，英雄山周围新中国成立初期是光秃的，树木早已被日伪和国民党修神舍、修工事砍伐干净。现在山上的苍松翠柏，山下的郁郁葱葱，是1955年毛主席向全国发出"绿化祖国，实现大地园林化"的倡议以后，济南南部山区人民在党中央号召鼓舞下绿化种植的。在马鞍山路拐弯处西边，就是今天的"京剧大舞台"周围，这块三角地是那个年代栽的一片白杨林，林子中间有条弯曲的泄洪沟，沟两岸是桃树林，再往西是原济南军区五所的菜园子和英雄山农业社的庄稼地，环境既宁静又干净，是济南少有的都市林区，也是人们上英雄山的必经之地。

20世纪80年代初，不知从哪天开始，三角地泄洪沟沿上经常出现几个"闲人"，他们各用木棍挑着几串高粱秸扎的蝈蝈笼，在那里悄悄向晨练的人们兜售蝈蝈，这是英雄山市场上最早的一批"买卖人"。周围村庄、西关杆石桥一带，担鸟笼、爱玩"虫"的老人们开始来树林里遛鸟、选蝈蝈，多的时候林子里能挂100多个鸟笼，多数养的是画眉，也有黄雀、百灵、金翅、鹦鹉、春鸟等，叫起来如"百鸟朝凤"，让爱鸟人流连忘返。山南面也多了几个逮鸟人，鸟的交易自然也是水到渠成，因此这边成为济南人玩鸟最集中的地方。树林里中老年人越聚越多，那些早就开始倒卖古玩字画、来路不明商品的"投机倒把"分子也已蠢蠢欲动。

京戏唱响英雄山下的市场

大约到1983年，三角地白杨林舒适的环境，把重量级的"国粹"引了过来，京剧票友们开始在这里唱起了京剧。欣赏京剧的男女老少皆有，这为后来熙熙攘攘的地摊市场打开了方便之门。票友演员中，杆石桥的回民马金梁名气最大，人称"戏篓子"，老人很瘦，80岁上下，能唱须生，反串青衣更精彩。那个年代男唱女腔很令人惊讶，何况是位老人，因此非常受观众欢迎。还有拉胡琴的张大爷，因是瓦匠出身，人送外号"张甩子"，也是回民，戴着一副金丝边眼镜。两位老人珠联璧合，成了英雄山前的一道靓丽风景，许多人听京戏就是奔着这二老来的。

还有一位退休名角赵宏云女士，京剧科班出身，是原泰安市京剧团副团长，是著名相声泰斗马三立先生的挚友。马先生落难时她曾伸出友谊之手救难解危，马三立曾专程来济南感谢。还有一位80多岁的赵大爷，体质较弱也唱青衣，他唱"秦香莲跪倒在大堂前"，膝下放个人造革包，真的跪到地上，疼得老大娘们纷纷带去棉垫子放到老人膝下，因此，得到的掌声不亚于北洋大戏院。最火爆的时候，著名京剧表演艺术家方荣翔、宋玉庆、张春秋等大腕有时周末也来清唱几段拿手唱腔，同票友们切磋京剧艺术。

随着观众越来越多，那些下岗急于再就业的工人们也顾不上脸面，开始在观众席外摆摊卖蔬菜、卖干鲜果品、卖日用小百货、卖企业的积压商品，后来干脆增加了茶鸡蛋、鲜豆浆、煎饼果子、胡辣汤，深受晨练者们欢迎。逛山听京戏，又顺便买回新鲜便宜的蔬菜，一举三得，何乐不为？于是一传十，十传百，地摊市场雪球越滚越大，一发而不可收拾，直到后来集市把马鞍山路、经十一路堵得陷入瘫痪，严重影响了去南郊宾馆的车辆出行，惊动了各级领导。蝈蝈、画眉的叫声，京剧的唱腔，搅动了一池春水。

此时，走南闯北跑码头的江湖艺人也跻身其中，今天的门球场地那时是杂技撂地，最有名的是后来上中央电视台表演"缩骨术"的景杰，是一

《英雄山文化市场》 杨鹁 绘

位70岁上下的老人；表演喷火的泰安人田二愣父子，天津来的孙姓父女俩表演"踩鸡蛋拉硬弓"，其他练铁砂掌削砖、开石、吞宝剑得算二流功夫。马路对面是外号"谭钩子"、全国摔跤冠军谭树森的公子谭强，带着一帮跤友开的摔跤场子。另外，还有卖花的，卖蛐蛐、蛉子、鸽子的等都围了进来，不同的观众把这里围得里三层外三层，用个词来形容叫"水泄不通"。

1985年后，政府采取临时措施，把马路集市迁到邮电新村西墙外的树林里，但不久就饱和了。因为进入90年代后，正赶上各企业大量职工下岗，人满为患，马鞍山路上也成了地摊市场，主要是买卖古玩字画的，基本都是假货，百十块钱就能买到启功的字，再加百十块钱就能买到范曾的《竹林七贤图》，买的卖的都心知肚明，但也是各取所需。饱和下的地摊规模一度超过了段店大集和泺口大集，成为全国最大的马路市场。

也许有人问：蝈蝈、画眉、京剧有那么大的作用吗？许许多多老济南会告诉你：确实有这么大的作用！如果没有蝈蝈、画眉的叫声和京剧优美的唱腔引来大批观众，谁会设想在烈士陵园如此肃穆宁静的地方，形成如此大的商业市场中心呢？在各种因素的促使下，1992年5月，市政府开始把原来的果园淘汰，建设起正规化的商品市场，先后有英雄山文化市场、华夏齐鲁文化城、新世界商城、黄金珠宝古玩城、英雄山人防商城、马鞍山银座商城等拔地而起。据说现在个体工商户已经有6000余家，年销售收入实现25亿多元。

英雄山风景区的文化广场

随着英雄山文化市场、英雄山风景区的诞生，此刻，英雄山下啼鸣春天第一声的蝈蝈、画眉鸟，推动市场繁荣的京剧则渐渐淡去了，而"画眉鸟"们和"京剧国粹"们更喜欢的文化广场，则在更高层次中闪亮登场。

党和政府在抓好经济发展的同时，当然忘不了"满足最广大人民群众日益增长的精神文化需求"。因此，被现代文明誉为"城市客厅"的广场，便雨后春笋般在山前山后、山左山右相继出现。喜欢琴棋书画、吹拉弹唱、运动健身、唱歌跳舞的人群满山遍野，随处可见，一张张脸上挂着画眉鸟般的微笑，广场满足了居民对文化生活丰富多彩的多样性需要。大众最喜闻乐见的广场挺多，说几个比较典型的广场吧。

一是松涛轻拂着宁静的陵园，六里山绿色屏障下的英雄广场：当年是英雄山景区唯一的广场。过去人们称这里叫"死难烈士万岁"，起因是原广场东边建了一块20米长的影壁，上书毛主席手迹：死难烈士万岁。广场当年是沥青铺地，清明前后每天都有大量学生、工人、知识分子和解放军指战员来分批扫墓。我记得上小学时每年清明都去扫墓、拔草、清洗墓园，打扫卫生，老师每次都教育我们："你们是英雄山小学的学生，脖子上的红领巾是国旗的一角，是革命先烈的鲜血染成的。"广场平时多是放风筝等游玩的群众，现在改为绿色花园式广场了，原来的影壁处建起了一组歌颂先烈英勇战斗的浮雕，后坡上竖起了"不忘初心，牢记使命"八个方形美术字。

二是供人们休闲娱乐的利民广场：过去这地方是一片半原生态的杂木林，广场北部的两块"双拥模范城"场地，过去是两个水泥底沙坑，原是日本人1939年建的"济南神舍"遗址，每年夏天雨后都能存下一米多深的水，是信义庄、四里村孩子们的游泳池。当年日本人曾在这里建有一批住房。新中国成立后，为保证社会安全，原四里村派出所曾在此处办公。

三是庆祝济南解放的胜利广场：这里自1968年革命烈士纪念塔竣工后基本保持原样，头些年政府在广场东边建了一批临时市场，大概运行了十几年，现在取缔迁移了，好！与革命烈士纪念塔遥相辉映的是胜利铜像雕塑，雕塑于1989年9月24日落成，是为纪念新中国成立40周年暨济南战役胜利41周年新建。雕塑整体高10米，其中黑色大理石底座高3.8米，主体雕像高6.2米，为一身披戎装、跨着骏马、振臂举枪、欢庆胜利的解放军战士。战士背后50米外靠山影壁墙，过去是毛主席语录：成千成万的先烈，为着人民的利益，在我们的前头英勇地牺牲了，让我们高举起他们的旗帜，踏着他们的血迹前进吧！

　　四是纪念中华民族伟大领袖的赤霞广场：1998年9月，在英雄山西麓修建了赤霞广场，广场上竖立着毛主席全身石刻塑像。这尊伟人塑像高12.26米，是济南市最大的一尊毛主席塑像，是赤霞广场上的标志性建筑，是由原山东省工业展览馆院内搬迁到广场的，现在已成为每年悼念毛主席、进行红色传统教育的重要阵地，也是英雄山路上一座与民同乐的重要广场。赤霞广场北面是岳母刺字雕塑和留春园，东面是五里山，山顶有"赤霞阁"。山上幽静清新，常能看到野兔、山鸡、喜鹊、斑鸠、金翅等在山上雀跃。赤霞广场位置原来是梁庄果园，现在是英雄山风景区的重要组成部分，每天吸引着大批晨练的人在此活动。特别是到毛主席诞辰纪念日、毛主席逝世纪念日，四面八方来悼念的群众络绎不绝，这两个日子也成为赤霞广场每年两度的盛会。

　　赤霞广场周围种植着雪松、侧柏、银杏、构桃、洋槐、黄栌树、五角枫等70多种植物，三季有花，四季常青，同整个英雄山风景区融为一体，是二七新村、大小梁庄、陈家庄等地居民休闲的最佳选择。济南自古就是一个多园林城市，但像英雄山这样集烈士陵园、烈士纪念塔、城中山风景区、文化市场、美食广场、人防地下商场、休闲广场等多位一体的园林景区着实罕见。如果问人民生活福祉如何，君来英雄山看一眼跳新疆舞的人们吧，听一下广场上的锣鼓喧天吧，看一眼漫山悠闲的大爷大妈吧。他们脸上的微笑才是人民生活的真实写照，这不正是成千上万的先烈用鲜血换来的吗？这不正是让烈士们可以含笑九泉的吗？正是：

　　　　最美不过英雄山，泉城军民血肉连。

　　　　旌旗迎风红烈烈，松柏长绿天蓝蓝。

（黄鸿河/文）

八一广场：济南历史的见证者

八一广场，风风雨雨，已经历了70个春夏秋冬。过去广场很大，东到自由大街，西到大纬二路中心线，南到经十路与信义庄隔路相望，北到经九路。现在的八一广场面积比过去小了很多，已经很少有人光顾，如今落寞得有些被人遗忘，作为从小在这里长大的我，心里有一种说不出的滋味。

济南人的大客厅

城市广场是人与人交流的客厅。

以前，八一广场曾经是济南历史上最大的广场，在那个火红的年代，它简单朴实大方，作为济南人的大客厅，承担着齐鲁大地几乎所有的大型活动，利用率远比今天的泉城广场多很多，每年国庆节都要迎接数万人在这里聚会，庆祝伟大祖国的生日。一代代济南人都曾多次来到这里，目睹过广场的风云变幻，感受着国家日新月异的发展变化，广场凝聚了几代人的情结，给老济南们留下了难以磨灭的回忆。当年，这么一个重要的广场是谁组织建设的呢？答案是原山东省军区司令员许世友将军。

1950年的春天，许世友司令员站在这片沟壑纵横、野草丛生、垃圾裸露的土地上，做出一个重要决定：筹建八一大礼堂，礼堂对面建一座供群众聚会活动的大广场。

　　经过部队战士们和广大群众一年多的自力更生，艰苦奋斗，1952年9月，一座俄罗斯风格与中国古典风格相结合、中西文化合璧的大礼堂拔地而起。同时填平壕沟、深埋尸骨、平整土地，建起了一座朴实无华又宽阔平坦的八一广场，并在广场中央竖起一根高15米的木旗杆，随后三十年间又分别三次更换为水泥杆、金属杆和20米高不锈钢旗杆。从此，新中国鲜红的国旗在广场上空高高飘扬。1952年国庆节，山东省党政军民在八一广场举行了隆重的庆祝活动，在大礼堂前扎起了巨大的主席台，上面悬挂着伟大领袖毛泽东的巨幅画像，广场周围汇聚了众多工人、农民、解放军指战员以及各阶层人士。庆祝新中国成立三周年大会结束后，工农兵和知识分子等各界群众举行了游行活动。广大人民群众和学生手持花环、气球、彩带，喜气洋洋地从纬一路、经八路、经十一路和现在的二七新村、英雄山路列队走过主席台，沿途歌声、笑声、口号声此起彼伏，最后在经七纬二路路口处，秩序井然地左右分开，热情洋溢地赶回各自单位，与同志们共享喜悦。

　　从那以后，每年国庆节，山东省人民政府和原济南军区都要在广场上举行隆重的庆祝活动，那真是激情燃烧的岁月啊。到了晚上，人们扶老携幼，兴高采烈，从济南市区的四面八方赶到广场，等待幸福快乐时刻的光临。隐蔽在英雄山和广场四周的礼炮纷纷在广场上空炸响，盛开的礼花如火树银花般把广场照射得五彩缤纷，彻夜通明。在大人们此起彼伏的欢呼声中，孩子们手忙脚乱地在地上摸找没有点燃的礼花药，好拿回去摆成花样重新燃烧一把。

　　1955年欢迎抗美援朝将士凯旋、1956年庆祝济南市实现工商企业公私合营、1957年欢呼人民公社成立等都曾在广场举行大型庆祝活动。1958年全国掀起"大跃进"运动，钢铁元帅升帐、大炼钢铁成为"大跃进"运动的主旋律。此时，八一广场又成为大炼钢铁的新战场，广场上堆满了铁矿石，周围街巷中号称"一脚踢"的炼铁炉和小高炉随处可见，都是从广场上搬运矿石。所谓"一脚踢"，是一种高约1.5米、宽约1.2米的小炼铁炉，外形很像一个大号烤地瓜炉。炉膛用7成黏土配3成钢砖粉末揉泥捏成，周围砌上钢砖，外设保温层，中间留一圈小通风孔，下部留一碗口大点火孔，因炉孔外翘像猪嘴，因此也有人叫它"猪嘴炉"。炉膛周围堆满燃烧的焦炭，接上风葫芦往里鼓风，火势旺盛后有专门技术员操刀封炉，五天后开炉出铁。炼出的生铁表面多有废渣，俗称"海绵铁"，炉子不用时一脚就能踢翻。

在那个特殊的岁月，已成为国家主人翁的群众把家中能拿出的铁件都奉献出来冶炼，然后集中把"海绵铁"用地排车送到东郊铁厂。海绵铁虽然也勉强能用，但质量不稳，成本太高。群众性的大炼钢铁持续了半年多，最终以失败告终，但人们盼望国家强盛的精神难能可贵，他们在兴奋中自觉加班加点，熬红双眼，热火朝天的革命干劲变成了难以割舍的历史回忆。虽然那个年代做出许多盲目蛮干的事，但不能否认我国门类齐全的工业基础，包括济南市门类比较齐全的工业基础都是那个年代积累建成的！济钢、莱钢两家特大型钢铁企业正是在那个年代中诞生，并发展成为今天的山东钢铁集团。

国家三年困难时期的米粮田

20世纪60年代初的三年困难时期，全国上下开始闹起粮荒。紧接着是苏联逼债，在困难面前，政府号召生产自救。1960年，连续举行了九年的国庆庆祝大会暂时停办。此时，广场变成了老百姓的庄稼地，周围信义庄、四里村、自由大街的居民纷纷在此开荒种地，掀起了"生产自救"运动，有种玉米、高粱的，有种小麦、南瓜的，八仙过海，各显其能，这种自给自足还真解决了部分家庭的燃眉之急。困难时期，八一广场给周围居民奉献了救急粮，给百姓摆脱饥饿带来了果腹之实惠。1962年，国家渡过了最困难时期，八一广场又恢复了往日的生机，每年一度的国庆节庆祝活动重新举行。

大人孩子的竞技场

1966年，"文革"爆发，八一广场进入了另一个激情燃烧的阶段，每天都有数不清的组织在广场举行大辩论。

广场上大人们争斗激烈，但孩子们可不管这些，八一广场是我们孩子们放学后的乐园，大伙把书包放在广场中央保护旗杆的水泥台上。然后在那里玩各种各样的游戏，有砸毛驴的，有推铁环的，有掷沙包的，有磕拐的，有跳皮筋的，玩啥的都有。没有谁家父母寻找叫喊孩子，孩子们直到天黑玩饿了才恋恋不舍各自回家。

20世纪70年代初，社会回归平静，混乱了一年多的广场又成为大人们教练汽车、踢足球、放电影、放风筝、高唱革命歌曲的快乐驿站，成为孩子们盛夏纳凉过夜的空调广场，成为孩子们冬天堆雪人、打雪仗，围着旗杆"挤油油"取暖的幸福"客厅"。

八一广场每次召开庆祝大会、批判大会或公审大会，我们这些孩子都能提前两三天知道，为什么呢？因为在那个"千万不要忘记阶级斗争"的年代，为了防止阶级敌人搞破坏，每次召开大会前都要派解放军工兵手持探雷器，把广场全部探测一遍，并设有岗哨；再一个就是在广场周围树林中扎一批临时公厕，在地上栽几根沙蒿，再用苇席圈起来，中间挖十几个茅坑。因为有这两条信息，所以我们的判断从来也未失误过。 过去的广场，地势较低，下雨容易积水，雨后泥泞好几天，为此六七十年代广场曾借用当时"深挖洞，广积粮，不称霸"活动在各村挖防空洞的坑土，以及城市建设废弃的渣土，两次运土运沙垫地，使广场地面抬高一米多，平行甚至略高于周围的路基，同广场东、南、北三面的杨树林浑然一体，彻底解决了广场雨后积水的弊端。

重大历史事件的承载者

　　八一广场举行国庆庆祝大会，从1952年至1970年共举办十七届，1960年至1961年两年未举办。1970年后，广场再未举办过大型庆祝活动。

　　关于八一广场，我记忆中印象深刻的有两件事。

　　第一件事，1967年10月4日，阿尔巴尼亚部长会议主席谢胡来济南访问，从火车站乘"大红旗"轿车沿大纬二路到南郊宾馆，沿途成千上万的工农兵群众和大中学生手持花环、花束热烈欢迎。那时候老百姓很少见到外国人，特别是外国领导人，所以人们又兴奋又好奇，其热烈程度可想而知。欢迎柬埔寨西哈努克亲王时，八一广场扎起了巨大的欢迎彩台，沿途"十里长街"聚集了欢迎队伍。

　　第二件事，1976年9月18日，一个令我一生难忘的日子。那天全国阴雨连绵，全国人民都在隆重追悼伟大领袖毛泽东主席逝世。八一广场庄严肃穆，广场上站满了参加追悼会的各族群众，连经十路、大纬二路上也站满了人，阴雨中很多人悲伤得哭晕在马路上。那天，我们虽然在学校参加的追悼会，但难过的心情早已飞到了广场，因为头一天几个同学在广场南面，就是现在济南房管局的七层楼上遥望主席台，心中也藏着大人一样的忐忑：毛主席逝世了，我们怎么办呀？

　　1976年，随着"文革"结束，八一广场也同全国各地一样，逐渐回归了它的理性，过去那个每年都要承载十几万人举行集会游行的广场也完成了它的历史使命。特别是二十年前泉城广场的出现，直接把人们的眼球吸向了绚丽多彩的新广场，以朴实、亲民、包容见长的八一广场，此刻变得默默无闻，更像一位慈祥寂寞的英雄母亲。

　　望着空旷的广场，我心里有些悲怆，昔日的繁荣已经很难再现，广场周围已变成纵横的立交桥，宽阔的大马路，鳞次栉比的高楼大厦，寂寞与喧嚣形成鲜明的对照。八一广场是从战火硝烟中崛起的广场，是穷苦人真正当家做主人的广场，是新中国成立后全国第一个以"八一"命名的英雄广场，因此，我们没有理由忘记它的光荣历史，忘记它从战火硝烟中走来的历史地位。

（黄鸿河/文）

百年商埠话"泰康"老字号

　　泰康号地处经二路纬四路，这里是百年商埠的"金银地"，是昔日老济南新时尚的领航者，虽然今天已是满目沧桑，但掠过夕阳细细品味，沧桑中仍然透出一股商界王者的贵气。

"泰康号" 的起源

　　民国时期，纬四路曾是济南最繁华的商业街，而处在商业街中心的百年老号"济南泰康食品公司" 更是"生意兴隆通四海，财源茂盛达三江"的真实典范。

　　1914年是济南自主开辟商埠十周年，这年6月中旬，商埠开发总局在中山公园举办了一届山东省物品展览会，旨在扩大商埠影响，提高商埠知名度，目的是招商引资，加快商埠发展速度。此时，胶济铁路和津浦铁路业已正常运转，济南作为山东省省会，已是两大铁路干线和水陆交通的枢纽，其发展前景和市场潜力日益显赫。在这种背景下，各地客商纷纷前来参加展览会。青岛"华德泰" 日用百货商店老板徐咏春和"万康" 南北杂货糕点店老板庄宝康两位宁波老乡相约来到济南，会后考察了济南城里和商埠市场，一致认为济南是内陆城市，交通方便，又有新开辟的商埠，发展工商业前途远大。

两人所见略同，便把目光投到了济南的食品行业。当时济南食品业刚刚起步，走亲访友携两斤糕点是十分时髦的事，当时老城里只有玉美斋、桂馨斋、桂香村、蕊香村、米香园五家糕点铺，商埠只有家住五里沟的裴老板开的"泰和祥"一家点心铺。虽然点心铺格局多是前店后作坊，但都比较小，不上档次。于是两人商定各出资2500块袁大头，在济南商埠靠近火车站附近开家商铺，经营南北杂货和糕点食品，取各自商号华德泰和万康一个字，命名为泰康号，全名"泰康号南北杂货糕点铺"。由万康派宁波人乐汝成任经理，华德泰派青岛人张锡璋任会计，地址选在经二路纬三路西口，租赁门头作坊各四间。

1914年8月16日，"泰康号"正式开业。经理乐汝成是青岛万康资深员工、食品经营界奇才，为人聪明能干，热心钻研业务，深受股东老板庄宝康的赏识，因此被派来创建泰康号。乐上任后果然不负众望，为了先声夺人，把店铺精细装修，门面采用铜扶手弹簧玻璃拉门，明档玻璃柜台大橱窗，彰显干净大气，一扫传统店铺门板布帘，营业门面昏暗陈旧陋相。另改用硬纸盒印刷包装，免去传统草纸透油包装，几年时间便把泰康号经营得风生水起，蒸蒸日上。

1919年5月，乐汝成利用广泛的人际关系和泰康号支持爱国民众抵制日货形成的超高人气，买断人寿堂药店门面作为新址，就是现在济南泰康食品公司地址，1920年，成立泰康无限责任公司。1924年7月，泰康号两股东徐咏春、庄宝康眼见乐汝成事业有成但飞扬跋扈，凡事自作主张，为了减少企业连带责任风险，限制其独断专行，便改组泰康号无限公司为济南泰康罐头食品股份有限公司。

泰康号曾经发生的故事

泰康号开业于1914年，时逢第一次世界大战爆发，日本趁机出兵胶州湾，霸占胶济铁路，抢夺德国强占山东半岛的特权，经济发达的青岛处在战争阴云密布之中。青岛部分资本家为躲避战乱，把贵重物品和资金转移到了济南泰康号名下。正为开业在即、流动资金紧张的泰康号雪中送了炭，锦上添了花，恰如"春旱逢喜雨，雏鹰添双翼"，创业伊始，泰康号碰了个好彩头。

第一次世界大战结束后，德国在山东的特权悉数被日本掠夺。1918年夏天，全国各地爆发了反对日本侵略、抵制日货的全民爱国运动。泰康号全体同仁深受鼓舞，积极参加了抵制日货运动，乐汝成很会处事，派人拿出部分饼干、汽水慰问沿途示威的群众，引起日本浪人和汉奸的不满，他们当晚纠集一些流氓暴徒，采用突然袭击的手段，用木棒、砖石、铁器等将泰康门窗玻璃全部砸碎，而且打伤部分护店员工。这一事件轰动了全国，数家主要媒体，如上海《申报》、香港《大公报》等都在头条新闻中报道了事态的经过和发展变化，泰康号的爱国行动在政治上获得很大声誉，当时来泰康慰问和购物表示声援的市民络绎不绝。从此泰康号商铺门庭若市，经营业务和企业知名度水涨船高。

20世纪20年代初，蒸蒸日上的泰康号扩大经营，通过企业知名度和人脉，将经营不善的人寿堂药店门面买了下来，进行了前店后坊的重新扩建改造，随后建成工厂，又从上海聘来糕点技师和罐头技师，购进整套食品罐头机械，开始大量自产自销饼干、月饼、桃酥、蜜三刀和鸡、鸭、鱼、肉四味罐头，产品可与上海、青岛同类厂家产品相媲美。产品沿胶济、津浦铁路成扇面型铺开，东到青岛，南至徐州，北到天津，年营业额达到16万元，职工和辅助人员达到近百人，并在院西大街（泉城路）和普利门先后开设了两家分号。

1920年仲秋，泰康号祸起萧墙，春风得意的乐汝成刚愎自用，自恃开创泰康居功自傲，特别是泰康号改组无限公司时，两东家平占九股，乐汝成独得一股，而共同创业员工一分未得，因此引起员工的强烈不满，导致内部矛盾日益尖锐，几名高级职员以副经理史梅棠、会计张锡璋为首一起跳槽，在同一地段西行300米处另起炉灶，创办了上海食物公司，公开与乐汝成叫板宣战，其规模和气势不在泰康以下，经营物品也基本相同，形成两军对垒、刺刀见红的局面。

俗话说，"两虎相争，必有一伤"。经双方四年间明争暗抢，钩心斗角：你促销降价，我赔本甩卖；你送礼品券，我赠招待票；你挖我的技术能手，我挖你的业务骨干；你卖糕点赠瓷件，我卖糕点送陶器；业务各出奇招，令人眼花缭乱，在竞争中竟然都有了长足发展，双方在激烈商战中都存活了下来，后来惧怕伤身又各自惺惺相惜，在中间人搭桥下握手言和，为商埠又添加了一处著名老字号"上海食物公司"，这不能不说是食品行业竞争中的一对奇葩。现在两老字号虽然先后停业，但老址仍像一对姐妹花般亭亭玉立，似乎在等待时机重新绽放花蕊。

泰康在20世纪30年代初步入全盛期，在济南、青岛、上海、汉口先后开辟十家分号。1929年底，泰康总部移居上海，企业经营更上一层楼。但谁知乐极生悲，乔迁之喜竟然惹来一场老济南都知道的灾祸。

1930年，韩复榘主政山东，为了繁荣省会经济，充实军饷和行政经费，韩复榘捎话要乐汝成把泰康总部迁回济南，乐汝成百般理由推托。恰巧某日清晨，韩复榘学骑自行车，一路"玩龙"骑到院前大街上，车技不佳，撞倒一拾粪老人，感觉亏理便想掏钱表示慰问，结果口袋中没有，便随手掏出一张名片，让老人有事去省府找他。老人不识字，拿名片回家咨询街邻，方知是省主席"韩青天"。老人吓得不轻，经明白人指点，从泰康买回2斤桃酥去见韩复榘。韩复榘见漂亮包装盒印的是泰康食品，便喊来秘书过秤，结果去掉包装实重1.9斤，韩复榘便派秘书携老者再去泰康购买，结果重量相同。韩复榘于是派人通知乐汝成，问桃酥短斤少两该如何处理。乐汝成当然知道韩复榘是来"碰瓷"的，更知道韩复榘是杀人不眨眼的"青天"，面对认打认罚的选择，赶紧给来者作揖说："认罚、认罚。"韩复榘传话道："认罚，就把馆驿街上的砂石路铺上青石板吧。"泰康兑现了诺言，这才有了1932年馆驿街铺路的盛况。一条长760米、宽7米，东起永镇门、西到十王殿的青石板路应运而生。

1936年是泰康公司生意最兴盛的一年，仅中秋节就销售月饼85000斤，当时济南市人口四十多万，几乎达到市民人均一个月饼。仅此一项，足见泰康当初之经营盛况。1937年"七七事变"以后，日伪统治时期，社会动荡不安，生意江河日下，泰康老号起起伏伏，惨淡经营，尤其是日伪统治前期和后期，济南市整个工商业日趋萧条，泰康不可能独自繁荣。这期间泰康多次遭受日伪流氓敲诈勒索，而且不许关门歇业，只能勉强维持残局。抗战胜利后，国民党统治3年更是雪上加霜，当局巧立名目，无休止敲诈、摊派、募捐。进入1948年，乐汝成看到国民党大势已去，便抓紧抽取泰康公司的流动资金和贵重物品转运上海，然后逃离济南，从上海去了中国台湾。此时，泰康老号已是人去楼空，奄奄一息。

泰康号的新生

新中国成立后的五六十年代，是济南食品行业发展最辉煌的年代。国泰民安的和平环境为泰康老号重新崛起提供了条件，政府在资金和食品采购方面给予老字号大力支持，并建立稳定的长期采购销售渠道，泰康人焕发了主人翁的工作热情，新中国成立前四处逃散的泰康老技工们悉数回归，泰康再一次展现出蒸蒸日上的王者风范，数年间雄居同行业榜首，成为经二路以南，望平街上的一家大型国营食品综合企业，在全省全国都有着很高的知名度，生产经营产品除了油茶、月饼、桃酥、蜜三刀四大名牌外，另有麻圆、砂糖圈、广东饼、牛舌酥、奶油酥、长寿糕等170多个品种。过去济南有泰康、益康、一大食品、回民糕点四大著名食品企业，其他三家都有被泰康"带拉师弟"的经历，足见其地位在食品界举足轻重。20世纪七八十年代更是泰康老号兴盛和大跨步发展的时期。到90年代，企业在计划经济向市场经济转变过程中，泰康老号食品渐渐脱离了市场发展的轨道。

2002年，泰康老号划归济南第一百货股份有限公司，当时提出的口号是"泰康食品，济南人的骄傲"。但在诡谲多变的商战中，一招不慎、满盘皆输的悲剧随时可能上演。虽然今天的泰康已处在"春眠不觉晓"的昏睡状态，但"处处闻啼鸟"春暖花开的时代必将到来，或许只是换了另一种形式而已。泰康是百年老号，是老济南难以抹去的记忆，是老济南曾经的一道亮丽风景。

20世纪90年代及以前，随着熙熙攘攘的人流，来到泰康二楼，喝一碗漂满青红丝、核桃仁、葵花子、鲜果脯、葡萄干、黑白芝麻的热油茶，那是何等的气派；走亲访友回娘家，提上两盒泰康老号桃酥点心，那是何等的体面。如何让百年老号泰康食品重现人间，这是一个十分紧迫的任务，因为曾经的泰康人已经满头白发，一位老泰康说："若泰康振兴，我愿免费服务。"未来泰康能否"重整山河待后生"，依旧有很长的一段路要走，老济南们愿拭目以待。

（黄鸿河/文）

八一立交桥与小转盘和小转盘街

　　八一立交桥，济南市第一座集汽车、电动车、自行车、人行道和休闲广场五位一体的立体高架桥。是一座投资少、见效快、多功能，而且综合效益保持济南之最的立交桥。

　　据说当年部分市民对修建八一立交桥曾产生过怨言：嫌立交桥建得保守、低矮，缺少大都市"高大上"的气派。后据专家解释："此桥设计虽比较保守，但结构非常结实，非常实用。"说实话，当年我也曾经对八一立交桥产生过怨言，或许是因为它夺走了八一广场的光芒。想想小时候放了学，每天都要到广场上去玩耍，那里有孩时从"三味书屋"放学回到"百草园"的情结，总感觉立交桥侵占了八一广场，让我等失去了一处曾经绝佳的乐园，失去了我一大段对童年的回忆。

　　但多年后，当我为了写一篇回忆小文"八一广场春秋"，再次来到八一立交桥上的时候，那是一个蓝天白云的好天。站在立交桥上，面对车轮滚滚，面对川流不息的人流、车流，怨气顷刻间烟消云散，心中顿生感慨，禁不住叹息一声：超负荷运行的八一立交桥啊，你太重要了，你也太累了。

　　其实，八一立交桥的前身是"小转盘"和小转盘街。

　　古人说世事沧桑，其实亦非遥远的故事，甚至有时就在眼前，只不过往往被我们忽略了而已。往大里说，新中国70年翻天覆地的变化，不就是真正的沧海桑田吗？往小里说，八一立交桥和它的前身小转盘，还有被埋在地下的小转盘街，不也是"旧貌换新颜"、世事沧桑的一例缩影吗？

20世纪70年代以前，那时候经十路和英雄山路还都比较狭窄，很多人可能不知道，在八一立交桥桥顶偏南10米位置上，原来建英雄山路时设有一个分流交通的转盘，面积有半个篮球场大，南北有些椭圆，双层砖石垒砌，高度不足1米，外围是青石，内层是板砖，种着一圈冬青，转盘中间有个交通岗亭，周围的村民都叫它小转盘。那时候马路上还没有红绿灯，身着白色国防式警服，蓝色警裤，头戴白色大檐帽，腰系亮棕色皮带的交警在岗亭上指挥交通，让人感觉特别神气。当时车辆也比较少，都是在交警红白两色指挥棒下绕行转盘。我小时候很"毛个"，还总纳闷，警察怎么知道汽车往哪个方向开呢？后来大些了才恍然大悟，原来汽车上都安着转向指示灯呢，你看这事闹得好吧。

转盘东南角上，往东是泄洪沟，沿马路有条弯街，称呼是小转盘街，因为靠近转盘，所以大家都习惯叫这一带"小转盘"，住着十几户人家，还有几家店铺。小转盘街虽然不大，但挺热闹，是南山里农民进市区卖柿子、山楂、核桃等的必经之路。

街从东往南分别是拉地排车的刘延科家、卖花圈的丁二爷家、蹬三轮的张家、在运输公司开车的李少海家、有街道上办的"向阳回民饭店"、有卖豆腐脑的马家，他家豆腐脑5分钱一碗，配上酱油醋、麻汁、蒜泥、香椿芽末、芫荽末、胡萝卜咸菜丁，非常正宗好喝，还有打烧饼、炸香油果子的陈家，7分钱一根油条，又大又脆又香，后来公私合营都进了回民饭店；最有名的是开茶社的张庆一大爷，老人说话幽默，为人爽快，周围茶客都来他这里喝茶，海阔天空，胡拉八侃，2分钱一碗茉莉花茶，清香爽口；南郊大涧沟、土屋、南康、北康、东八里洼、西八里洼进城的农民都来这里歇脚，1分钱一杯茶叶砖，煞口解渴；再往南点是潘信义大爷家、隔壁是修自行车的田大哥、修汽车补轮胎的王家车铺，那时候补轮胎可费劲，卸1米高的大货车轱辘，需要两个人合作，拿一根1.5米长的扁嘴铁钎，插到轮箍缝里，用大锤使劲夯，才能把内外胎拆开，修车工整天油头麻花脑，又苦又累。隔壁是编马鞭卖马车笼头肚带的张大爷小铺，路西正对着

《八一立交初现》 齐敬峰 绘

旋马掌的张家铺子，再往南还有两三户靠近团省委北墙的人家。

小街中间有一家小有名气的国营商店，周围四里村、信义庄上的几家小商铺都归它管，共6小间门头，主要卖烟酒糖茶、油盐酱醋、火柴咸菜、毛巾肥皂、文教用品、笔墨纸张等百货。因为商店房门刷的是大红油漆，在周围分外显眼，人们都习惯称呼这家商店叫小红门，整条街背后则是市房管局建材仓库。小转盘街地址上属信义庄片区，但又自成体系，与庄里街坊间熟悉或沾亲，但来往不多，春节也很少彼此拜年，同马路对面的四里村来往也很少，可能在济南市街巷档案资料中也无记录。后来建八一立交桥时把这条小街拆掉了，原址就在立交桥东辅道上。

1967年初夏，有关领导提出"小转盘"像个中心炮楼，实在有碍观瞻，也影响礼宾车队行进。于是市政部门便把"小转盘"就地拆除，只保留了岗亭移到转盘西南角指挥交通用。在小转盘街前和八一广场西南角，对应建起了一组临时排架，欢迎人群坐在上面组成"热烈""欢迎"图案。1972年夏天，柬埔寨国王西哈努克来济南访问，也是走的这条路线，大纬二路上，梧桐树高大挺拔，绿树遮阴。当时路已经有所加宽，路中间也安装了红绿灯，1975年后，交警岗亭就下岗了。

八一立交桥，是济南改革开放后建起的第一座综合立交桥。

随着国民经济的日益强大，社会发展的迫切需要，经十路、大纬二路、英雄山路等都进行了几次加宽，形成现在这种气势，特别是经十路，东起章丘，西到长清，全长90公里，远远望去像一条蛟龙，到夜晚更像一条火龙，其壮观令人叹为观止，成为济南市第一交通大动脉，八一立交桥就建在这条大动脉的中心，可见其分量之重。1988年1月18日，八一立交桥隆重奠基，被济南市列为当年十大城建项目首位工程。

建设首座多功能大型立交桥，是当年济南市的首位基建工程，城建儿女奋勇当先，日夜奋战，仅用六个半月时间，就在当年8月1日建军节建成通车，建设速度之快，实用效果之好，功能设计之佳，都大大出乎人们的预料。因为八一立交桥是全市人民的桥，比原来的"小转盘"扩大了几十倍，占用了好大一块原济南军区八一礼堂、八一广场的土地，充分体现了

"军民团结如一人，试看天下谁能敌"的精神，所以被命名为"八一"立交桥。该工程被评为济南市20世纪90年代十大景观工程，而且用济南青花岗石金字雕刻，镶嵌到立交桥头的假山石上，可惜现在给抠掉了。

为何要抠掉呢？是否感觉八一立交桥不如后建的立交桥雄伟壮观？不如泉城新的建筑工程"高大上"？何必如此想呢？济南青金字雕刻遗痕会昭示后人，你抠掉的是历史的脚印啊。回想当年八一立交桥剪彩时刻，泉城济南，万人空巷，数十万群众走上立交桥，参观立交桥，为济南第一座大型立交桥欢呼呐喊。

据说八一立交桥自建成到本文撰写之时，桥上奔驰走过的车辆已达2.9亿车次，是济南市最忙碌的立交桥，也是至今为止制造成本最低，利用价值最高的立交桥。整个经十路走过的车次是4.5亿多次，可见八一立交桥地位有多么重要。

八一立交桥桥址建在市中区，建在了经十路、英雄山路的中心，但在今天很多老济南心目中是建在了济南市的中心。立交桥三层互通式立体交叉，连起英雄山路、大纬二路和经十路大道，真可谓四通八达，实际上是八通十六达，左右还各有两条南北通畅的机动车道和人行道，四组配套绿色健身小广场，给周围百姓提供了快乐驿站。夜晚，四盏35米高杆灯华灯绽放，灯光把立交桥映照得光辉灿烂，沿苜蓿叶式桥体勾嵌的LED彩灯光环，把立交桥装扮得"分外妖娆"。小广场上，不时传来济南大爷们悠扬的"萨克斯"和大妈们欢快的歌声"你是我的小呀小苹果，怎么爱你都不嫌多"，如果用一个词来形容八一立交桥，那就是"美不胜收"。

城市真的需要八一立交桥这样"短平快"的桥，简单、实用、顺畅。据说北京、上海、广州等有些"高大上"立交桥，规划设计复杂，建设成本高，但对新司机和外地司机来讲就是闯关，真的是进去出不来，上去下不来；老司机怵头，新手更紧张，只好在几环中转圈寻找，实在无奈还要报警带下来。

而八一立交桥则继承了八一广场的基因，坚强纯朴，经济实用，美观大方。若论投资少、见效快、实用价值高，在新建的立交桥中绝少有超过八一立交桥的。现在到处讲"高大上",但这要相对看,公共设施不仅要高端、大气、上档次,而且还要讲求实际,经久耐用,物美价廉,要对得起纳税人的奉献和投资者的良心,更主要是要方便百姓,八一立交桥已经成为新桥设计和建设的榜样。正如济南市委领导所言,"要从群众最关心、最直接、最现实的利益问题入手,扎实推进各项民生社会工作,建设一座有温度的城市"。

（黄鸿河/文）

六里山、七里山和八里洼（山）

　　济南老城很小，现在通称为明府城，加上大明湖，充其量面积也不足5000亩。但这座城挺古老，自从"汉筑城，晋定邦、宋设府、清开埠"，到今天的济南市，算算也有2200多岁了。明府城除了在城里留下部分老街古巷以外，城外和老历城县周边，还留有不少充满乡土气息的村庄。

　　济南城区周边的村庄：有用姓氏命名的，有用泉水命名的，有用群山命名的，有用历史遗迹命名的，有用经纬路命名的，还有很多是用相距老城的路途命名的，比如三里庄、四里村、五里沟、六里山、七里河、八里洼等。

　　今天说一下六里山、七里山和八里洼（山）。

　　站在英雄山（四里山）上南望，在五里山、六里山三山怀抱之中的烈士陵园南边，有一座绿屏般延伸出的山崖，高度有20多米，过去青石裸露，瘦骨嶙峋，周围村民都习惯叫它悬崖山，它其实是六里山的一部分。济南1904年开辟商埠后，城区建设需要大量石料，六里山成了老商埠城市建设的采石场。1948年济南战役胜利后，1949年，市人民政府决定在四里山和六里山之间修建革命烈士陵园。从此，六里山停止了采石，新采石场转移到了七里山，遗留下了这么一段100多米长的悬崖峭壁，悬崖根上原来还有一个采石的洞穴，可容纳几十个成年人，夏天在里面避暑特别凉快。悬崖下1960年前后栽种的松柏树苗，现在已经长成参天大树，绿色苍茫，悬崖已被"屏蔽"得几乎看不到了，那个开山采石遗留的洞穴也已经被堵上。因为悬崖山西边原来是个飞禽鸟道，每年春秋季节，黄雀、金翅、靛壳等都在山的西口成群飞过，常有逮鸟人提着引鸟笼、粘杆子、撞网在那里捕鸟，运气好的话，一天能逮几十只，有良心的逮鸟人多选几只公的留下，其余的都放掉，缺德的逮鸟人就都带走吃掉了。政府部门早已经严禁逮鸟，这种违背社会公德的恶习已被封杀。

六里山往南是七里山，过去是山连着山，后来修六里山南路时把两座山分开了，两山间架了一架"织翠桥"。七里山20世纪40年代至80年代中期也是采石场，主要是济南石料厂在这里采料石、生产建筑材料。另外还有个梁庄大队副业队石料厂，规模较小。七里山分南七里山、北七里山，两座山头相距有800多米，中间还夹着一座山头，名叫小香山。这是为什么呢？

说到底是因为山名错了，南边的七里山原来叫八里山，清乾隆版《历城县志》有明确记载："禹登山又西北为大孤山……又西为八里洼之东山，山形至此中断。又西北，复起为八里山，以去城八里故名，明尹旻墓在山之阳。又北为六里山，明陈九畴墓在山之西。又北为会仙山，一名马鞍山。其西为四里山，又名赤霞山。"济南历史上没有七里山的命名，而五里山的顺势命名就更晚了，充其量距今也就30多年。

说到历史上的八里山，自然就引出了东八里洼和西八里洼两个村庄。历史上是先有八里洼，还是先有八里山的呢？当然是先有八里山，东八里洼、西八里洼当初都是因为靠近八里山而得名。有人说："相传明洪武二十一年（1388），有王、周、李、于四户人家，从直隶枣强迁至距离杆石桥八里的洼处，故有此名。"但据明崇祯年间《历城县志》载："旱（杆）石桥跨锦缠沟，嘉靖元年重修。"杆石桥距今400多年，比八里洼来历的传说晚了200多年，传说没有书证，自然不可靠。

据八里洼村康兴贵老人说："北山（七里山），山前原有阴（尹）家林，埋着个大官，有石碑、石人、石马、石牛、石猪、石羊，传说石碑是皇帝御赐。林中树木参天，两个人环抱一棵树。解放战争时期，国民党军为了修炮楼把林中的树木全砍光了。"1975年前后建起了济南第二制锁厂，20世纪90年代中期企业倒闭，现在是济南市刑警支队和市政府宿舍所在地。

其实"八里山"之名南宋金时就有了，何以为证？金《七十二泉碑》上有明确记载："曰煮糠泉（四里山南）。"经请教几位研究济南历史的兄长学者，得知济南史载只有一座四里山。结合《历城县志》"复起为八里山，以去城八里故名，明尹旻墓在山之阳"及六里山、四里山的顺序排列，八里山至少比八里洼名字早了300年。济南老城里现有尹家巷，至今已550余年历史。《历城县志·古迹考》记载："尹旻宅，县治东，今名尹家巷。"尹旻是明朝成化年间吏部尚书加太子太傅，是当时"纸糊三阁老，泥塑六尚书"之一。

那八里山之名何时消失的呢？自然与七里山采石场名气大有关。1965年前后，经六路到经十路附近人家，居民砸石子的很多，有实力的家庭都是去英雄山路上争石头，抢从七里山采石场运石头的地排车，把石头劫回自家多砸石子，多卖一点钱补贴家用。拉地排车的多是八里洼庄上的农民。因此，七里山、八里洼那年月名气大得很，成了远近闻名的香饽饽。另外，这里的八里洼集市当年名气也比较大，集市取缔前曾流传过一句调侃："西八里洼娶媳妇，东八里洼急（集）了。"

东八里洼和西八里洼之间夹着是张安新村，现在属伟东新都小区，是1967年建南郊宾馆时由政府把原张家庄、安家庄移地安置到这里的。今天再询问张安新村、八里洼周围的老人们，回答多是："八里山？没听说过，只有七里山。""七里山原来叫北山，有八里洼，没听说过八里山。""八里山？小时候好像听说过，山上没有树，早没人叫了。""八里山，好像有过，山上还有个小石灰窑，你不提早忘了。"好了，我们不妨假设一下：六里山、七里山、八里洼。说七里山、八里洼的人多，又好记里程，在南边的八里山自然也就被慢慢遗忘了。

　　试想：若能举手之劳恢复八里山的名称，英雄山风景区就是马鞍山、四里山、五里山、六里山、七里山、八里山了。届时风景区六山相连，再加上个有故事的小香山，岂不又增添一段佳话？很多故事不都是由佳话传承得来的吗？过去四里山、六里山、八里山，是指到泺源门（西门）的里数，而不是传说中到南门的距离。因为这几座山与南门之间有两条很大很宽的野生泄洪沟，现在叫广场东大沟和广场西大沟，明清至民国时从这里去南门无路可行，当年尹大人出殡怎么可能翻沟跃壑呢。

（黄鸿河/文）

信义庄的来历

六窑八井一面坡，西街东街有传说。

核桃院栽百年树，李家花园茉莉多。

马车社里忆驿站，将军楼前柳杨波。

信守承诺传乡邻，义气重情代代接。

　　上面这八句诗是描写信义庄的。信义庄坐落在四里山（英雄山）脚下，位置在经十路以南，英雄山路以东，分东街、西街、北沟崖和南窑（南街）四个自然形成的街道。做为生于斯长于斯的信义庄人，面对火柴盒般拥挤的楼群，和已经变得同过去完全不一样的街道，我忽发奇想：信义庄是怎么来的呢？

　　新中国成立初期，在党和人民政府的组织下，信义庄周边的农民组成了互助组，后来在西街南头成立了英雄山农业社，在四里山下开垦荒地种植了小麦和玉米，地角地边还种下了多块菜地，农业社墙外的场院成了孩子们的乐园。山脚下一条弯弯的小河从玉函群山中流出，流经庄南头的太平坝、安全坝，穿过绿油油的庄稼地，悄悄地流入果园深处，就是今天的英雄山文化市场一带，然后同北沟崖的溪水在王家庄东边汇合，穿过经十路上的红桥，流入山水大沟，即今天的锦秀河。东边马鞍山路两边分别栽种了大片桃、梨、苹果和樱桃。春天里各种果木鲜花盛开，从山上往下看宛如一片彩云，空气中弥漫着阵阵清香，仿佛置身仙境，走进了氧吧，令人心旷神怡。

但在旧社会，信义庄以及现在的英雄山文化市场区域还是一片荒山野坡，乱岗坟地，四里山也是光秃秃的。当时，济南城里有位名叫王洪的绅士，发善心买下了这块地方，供穷人免费做林地用，后来被人们称做王洪义林。因义林屡遭盗墓，他便雇了商凤联一家在山脚下看护。商凤联是历城县邵二乡邵而庄人，1939年春天携家挑两只破箩筐进的济南城，最早在杆石桥边栖身，一贫如洗。第二年经保人介绍来看林地，先是住地窝子，后来在山脚下盖了几间土坯茅草屋。商家生养有七个儿子，成为第一户在此居住的人家。

信义庄地处南部山区进城的必经之路，1941年后又陆续迁来几户人家。有从城里按察司街茅家祠堂迁来的茅彤基、茅振华父子，茅家祖上是泺口盐商，后家道败落，分家后在这里开了一间"茅家小铺"，供进出城的人们歇脚打尖；从长清县张夏镇诗庄迁来的段良友夫妇，他同茅振华是姑表兄弟；从杆石桥里迁来的回民张金奎、张挺山父子，张金奎在回民中辈分高，西关里皆尊称张四爷，他家在乐山街、老陈家庄上开有牛肉铺，在信义庄西头建了养牛场，位置在今八一立桥东边，当时这里还是一大片野草地；有从德州平原县迁来，解放后被定为逃亡地主的郭宇宽、郭振东父子，老爷子是好庄稼把式，爱操心农业社的事，儿子一直在庄里负责挖茅房，见了熟人都是笑迷迷的；有开粉坊的高德亮，高大爷是历城县孙村人，是一位手艺非常高超的石匠，1963年，四里山改名英雄山，在建革命烈士纪念塔时，他是主要石匠师傅并主持垒砌纪念塔塔身；还有在街东头开大粪场的刘胜三、刘连泉父子，老人家长得像个阿弥托佛，儿子则长得像沙和尚，身高体壮，宙腮胡，宽肩膀，胸毛浓密，为人厚道，是驾辕拉大胶皮的好手；还有从老陈庄迁来赶马车的刘道典、刘永昌父子，刘家爷俩不爱说话，但他儿媳妇在信义庄最有名，泼辣能干，赶马车跑运输是老济南罕见的女把式，怀着身孕也不耽误赶车装车卸石头，高个子，走路仰脸，半大脚脚底生风，腮上有一个很明显的痦子，虽然看上去挺威严，但确实也没见她同谁吵过架。1970年，刘家迁往二七新村南边的新陈庄，他家占地面积三分多地的四合院要卖，按"先问四邻，再问友朋"的民俗问我大爷700元要不要，我大爷不要后，他收800元卖给了小梁庄的任家。再加上在邮电局干邮差的李树来，在街南头开窑厂的潘长龙、王胜俊，他们形成了信义庄最初的九户人家。

但此时信义庄还没有村名。

1945年抗日战争胜利后，国民党为日伪时期在邮电局工作的部分老职工发一笔补偿金，每人两个金元宝。在邮电局干邮差的申德义平时负责赶头毛驴往仲宫、柳埠一带接送邮件，三天一趟来回，经常在茅家小铺落脚打尖，因为同茅振华都在青红帮，所以成了好朋友。茅家父子便建议他用金元宝在这里建处院，我大爷黄圣祥同申德义五弟申俊卿是换贴兄弟，便与同在邮局工作的张庆和、侯宗周等人一起用这些金元宝相继在此置地买房，并请来老济南有名的瓦匠头马洪喜规划建设。马洪喜后来也搬到了信义庄，他跟德国工匠干过，最善长维修欧式建筑，20世纪50年代中期洪家楼教堂修房顶无人会干，国营一建公司以每天八块钱工钱请他维修，那时候一个成年人一个月的生活费还不足八块钱。1951年山东军区建"八一"大礼堂，马老爷子也是主要工匠之一，在老济南建筑界颇有名气。

从西街建起六套四合院开始，原本住的四分五裂的散户逐渐拢到了一起，有了村庄的模样。1946年夏天，家住自由大街的王玉瑞，邻庄四里村的保长王月进以及段良友、高德亮等人在茅家小铺喝茶，大家闲聊时说起应该给村庄起个名字，于是茅振华提议请有文化的王玉瑞来起名。王玉瑞想了想说："这地方背靠四里山，是块风水宝地，你们又齐心协力建起了这个村庄，淘出了甜（深）水井，以后老少爷们更要团结互助，守诚信，讲道义，就叫信义庄吧。"大伙一听齐声叫好，信义庄的名字就这样定了下来。1956年信义庄成立马车社，在庄北头盖起了一排十几间大瓦房，有了长途汽车站，在大瓦房西头的墙上安了块铁牌，蓝底白字写上了"信义庄"三个大字。

信义庄有四个院落最有名，两个四合院最规矩。四个院落分别是街南头的核桃大院，因院中间有一棵百年核桃树而闻名，主人是李树来，街道上开群众大会经常选在核桃院：一个是街北头的马车社，院中有三口浅水井，过去是个车马店，供赶马车的车老板们饮马歇脚的地方，我小的时候这里已经改为通往仲宫、柳埠等地的长途汽车站，每天定时有几辆大鼻子绿皮厢式公交车，车厢里固定着几把联椅，中间空地放货物，街北头还支着一个大席棚，周边用木板钉成一圈护栏兼座位，算候车室。记得有两三家卖甜沫、油条和豆腐脑、烧饼的小商贩在棚里支摊；再一个是东街中间的李家花园，以养茉莉花、月季花出名，东街南头的原济南军区第五招待所经常买他家的茉莉花；最有名的是街东面的三座将军楼，住着三位将军。

两座最规矩的四合院主人分别是10号院申德义、申俊卿兄弟；对门12号院是我大爷黄圣祥，院子方方正正，建有五间堂屋、两间东屋、两间西屋、四间南屋和一间大门过道，院门西影壁嵌墙上有我父亲写的两行行书：忠厚传家远，诗书继世长。申家院落同我大爷家基本一样，但申家南北屋之间有地下室互通，影壁墙上写的是仿宋体新词：胸怀祖国，放眼世界。两院都种着丁香花、石榴树、香椿芽。

1956年国家实施公私合营政策，老信义庄人大体分成三部分：一是过去开荒种地的参加了农业社；二是过去干邮电局、铁路局和钢铁厂、窑厂的成为了工人阶级，携家变成了城市户口；三是过去赶马车、拉土排车、大胶皮的，男人们进了济南运输公司，老婆孩子仍然在家种地，成了亦工亦农家庭，被戏称为工农联盟。虽然时过境迁，信义庄已由最初的几户人家变成如今的六百多户，有两条街十二条胡同，再加北沟崖和南窑组成，但儿时的记忆仍然深深印刻在脑海中，街坊邻居的音容笑貌仍然时时传递到耳边，如瘦小精干，头戴瓜皮帽，脚穿棉靰鞡，留撮山羊胡的商凤联爷爷；鹤发童颜，五缕长髯飘胸前的刘胜三爷爷；牵着两只奶羊奔走在杆石桥里的张四爷，清晰地记得他老人家冬天背靠南墙，晒着太阳讲"武二郎醉打蒋门神"的故事；印象深的是我们家邻居段良友大爷，人长得胖大魁梧，紫红面膛，两眼像一对铜铃，像极了电影《闪闪的红星》里扮演胡汉三的老演员刘江，他总爱摇一把大蒲扇，见了熟人就两句话："走，家里喝茶去。甭客气，吃了饭再走。"让你感觉又热乎又有街邻间的感情。但我最熟悉的还是街对面的茅振华大爷，解放前也干过几天伪保长，养成了见客人先鞠躬的习惯，他说话幽默风趣，神采飞扬，是信义庄红白喜事的当家酒陪，两斤高粱酒下肚，绝不耽误第二天一早拉地排车。我小时候看过他在喜宴上陪酒，那拳划得神出鬼没，喊声能传半条街："螃蟹一，爪八个，两头尖尖这么大的个，三月三，六连关，七到巧来八洞仙。"女方是从北园请来的喝酒划拳高手，几杯酒下肚后，自报家门外号"酒坛子"，茅大爷听后马上接了一句"咱俩是哥俩好，人家都叫我酒漏子"。见对方没有反应过来，便幽默地解释道："你酒坛子的酒往我这酒漏子里倒就行。"说得席上席下都大笑起来……

还有两个人记忆犹新：一个是后来晋升为上将兼海军政委的李耀文将军，一个是捡破烂街上人称她换洋火的姚大娘，两位年纪相仿、身份悬殊的善良老人。李将军20世纪70年代是原济南部队副政委兼政治部主任，人很斯文，手里爱拿一根拐杖，身后跟着两个背马扎的警卫员，经常在英雄山前散步。有一年秋天，我的两个调皮鬼同学，爬墙头摘将军楼院里的苹果，被他的警卫员逮住交给了班主任老师。这事不知为何让老将军知道了，过了几天，他让警卫员摘了满满两大筐红彤彤的苹果，几乎把老将军院中的苹果树都摘光了，送到我们读书的英雄山小学信义庄分校，每个学生都分到了一个大苹果，同学们真是非常非常开心。那时候穷人家庭多，孩子们很少能吃上苹果。

而姚大娘则更有传奇色彩：她是一位很瘦很黑、满脸皱纹、腰身弯曲很厉害的捡破烂老人，烟瘾很大，好几次见她从地上拾起别人丢弃的烟头卷到纸卷里吸。她在东街的一间门头房里住，我每天上学都在她门前路过，有时看到她在门前的花盆炉上烧水，有时看到她仰坐在废纸箱上吸烟，现在想想都很后怕，失火了咋办？她屋里也没有床，很可能就在废纸箱上睡觉。她有个闺女长得很漂亮，穿戴也很利索，大概30岁，但不太经常回来看她。有一次她收废品时捡到了200块钱，交到了四里村派出所，受到了派出所和街道主任的表扬。那个年代200块钱是一笔巨款了，顶一个工人多半年的工资呢。20世纪80年代中期的一天，有关部门的领导亲自带人来帮她收拾屋子，粉刷墙壁，又搬来一张床和一对沙发等物品，几天后又来了一批人慰问她。怎么回事呢？原来姚大娘是一位国民党军官的姐姐，国民党战败后兄弟逃到了中国台湾，后来，她弟弟不知通过何种办法找到了姚大娘。这事当时还真在信义庄引起了轰动，谁也没有想到，捡废品的姚大娘竟然是国民党军官的姐姐。

如今我文中提到的老人们都已作古，年龄最小的也要100岁以上了，但我提笔时他们仍然鲜活地出现在我的眼前，仿佛在嘱咐我，一定要把信义庄的来历告诉大伙，不然孩子们都快忘了……信义庄的来历其实很平淡，但这种平淡却传承着千百年来中华文明讲求团结互助、诚信守义的人文底蕴，而这正是当前社会需要继承和发扬光大的。屈指算来，信义庄建庄已经七十五年了，谨以此文记之。

（黄鸿河/文）

第二编

杆石桥街道

我站在杆石桥上看风景

杆石桥名字的沿革

站在泺源大街与经七路分界处西南侧，望着四周鳞次栉比的楼宇，看着川流不息的车辆和接连不断的行人，听着高架桥上呼啸而过的车流声，极力想象着过往杆石桥的样子，仿佛思绪穿越时空回到了久远的过去。

杆石桥最初到底是什么样子？这令我非常好奇，于是寻访加查阅历史资料，想一探究竟。

追溯杆石桥名字的由来，包含着杆石桥历史的沿革和桥型的演变。

据资料查询得知，古济南有内城外城之分。圩子城就是古济南的外城，"外城"全长40余华里，有东、南、西三面城墙，北面因大明湖所限而与内城北城墙相接。圩子城的东南西三个方向共建有七座城门，居于古济南城西南方位的城门，叫永绥门，位置在今泺源大街及顺河街交接路口。这是一座坚固、厚实，巍峨高耸的漂亮城门楼，外侧有八个窗户，四个一排，整齐排列成两排。绿色琉璃瓦的飞檐翘角楼顶，格外美观大气。

永绥门外（西侧）有一条宽六丈有余的壕沟，名叫"锦缠沟"。锦缠沟上，有一座连接永绥门与长清古道的石桥，因永绥门而被赋名"永绥桥"。这里，当初是从济南西行的主要通道，也是老济南城的第一道防线。"绥"字有"平安，安抚，使平定"之意，由此看来，永绥门，永绥

《永绥桥旧貌》 齐敬峰 绘

桥，都寄托着保佑济南平安、祈祷安好的愿望。

永绥桥是座五孔石拱桥，中间一孔最高最大，两侧各有两个大小对称的规模小一点的桥孔。桥型简洁大方，古朴典雅，桥面微弧。远看，五洞桥孔，充满灵气。桥孔之上的三个石雕镇水兽头凝视四方，虎虎生威，应该也有镇邪驱孽保平安之意吧。

永绥桥之前，此桥又被称为"旱石桥"。永绥桥下的锦缠沟，其实就是泄洪沟，平常时间基本无水。关于旱石桥名字的由来，中国民间文艺家协会会员唐景椿也曾做过阐述，他说，这应该是因为桥下的河沟里没有水，只有下雨或雨季，雨水才从南边流下来，通过河沟流走。就是因为壕沟中少有水比较旱，所以才叫它"旱石桥"。"旱石桥"就在"永绥门"外西侧，因此也称其为"永绥桥"。永绥桥是东西走向，上桥进入城门首先看到的就是现在的泺源大街（当时叫西青龙街），出永绥门经过桥，就到了现在的经七路。

后来可能因为"旱石桥"与"杆石桥"谐音，加之石桥是用南山大青条石砌成，即逐渐演变为"杆石桥"至今。

那么是先有桥还是先有永绥门呢？

据史料记载，永绥门是清咸丰、同治年间修建的，当时是为了防止捻军而建。据20世纪80年代的《济南地名志》记载，又据明崇祯十三年（1640）《历城县志·建置考》记载："旱石桥跨锦缠沟，嘉靖元年重修。"明嘉靖元年，距今已有四百九十多年，但它只是重修，可见桥的初建时间比城门更久远，具体时间今已难考证。

由20世纪30年代出版的《济南大观》（1934年）的《雨水排泄》工程中的"工务局规划水流区域"："经七路以南之水，由经七路沟渠分向东、西两端宣泄，小纬六路处为分水之行，其西端径泄于天然沟中，其东端由杆石桥街泄入城壕，而经七经五路间、小纬二路以东之水，亦由纬一路转入杆石桥。"可知，20世纪30年代的雨水排泄，必须依靠杆石桥与锦缠沟。

济南地势南高北低，夏季雨水随南山水流而暴涨，山洪直泄而威胁着泉城人的安全，幸有杆石桥、锦缠沟，使得猛兽般的洪水分流而下，一路向北，乖乖汇入泺水。杆石桥、锦缠沟，就是济南人的防洪桥，捍卫着泉城汛期的安全。旱也，捍也！

据清道光十九年（1839）《济南府志·桥梁》载："杆石桥在府城西青龙街，跨锦缠沟，南来第一桥。"故旱石桥、永绥桥即是杆石桥。由此可见，杆石桥最初并不叫杆石桥，而是由旱石桥、永绥桥演变而来。

据记载，新中国成立后，圩子墙拆除，杆石桥旁边加建了两个浮桥。20世纪70年代，因为车辆增多，杆石桥已经开始妨碍交通了，于是就被夷平了。

风雅文气的杆石桥

杆石桥，不仅有曾经的永绥门、锦缠沟那么隽永、魅力十足的名字和优美的景致，也是个风雅有故事的地方。文人墨客曾在此聚集并留下了脍炙人口、传诵至今的名句。

其中，最经典的就是卞之琳的《断章》：

> 你站在桥上看风景，
>
> 看风景的人在楼上看你。
>
> 明月装饰了你的窗子，
>
> 你装饰了别人的梦。

我想，这几句广为流传备受喜爱的诗句，只要是对现代诗歌感兴趣的人，不知道的应该很少。如果说到这首诗"诞生"于济南杆石桥，那可能知道的人就不多了。的确，这首蕴意深远的短诗，就是诗人卞之琳在杆石桥所创作的。

卞之琳是江苏人。1929年，就读于北京大学英文系，1930年，开始写诗。1933年夏天，23岁的卞之琳自北大毕业后，曾代曹禺在河北保定育德中学任教，年底返回北平后，负责《文学季刊》的附属创作月刊《水星》的编辑工作。1935年春夏间，卞之琳赴日本，潜心为中华文化基金会特约翻译斯特莱切的《维多利亚女王传》。当年7月从日本回国。秋初，应在

《杆石桥的老城墙》　齐敬峰 绘

济南任教的李广田之邀，来到了济南，并受聘于山东省立高级中学。当时的山东省立高级中学就在今济南市杆石桥附近一所高等学校的旧址上，与李广田任教的山东省立第一中学相邻。两位好友教学之余，经常在一起切磋诗作并一起游玩。1935年10月，卞之琳即创作了著名的诗作——《断章》。《断章》中的"桥"，就是指的杆石桥。原因有三：其一，杆石桥离山东省立高级中学最近，诗人时常在桥上散步观景；其二，诗人对杆石桥有着深厚的情谊，例如，他写于济南的散文《"不如归去"谈》，文后特意注明"杆石桥 1936年5月12日"；其三，细数卞之琳走过的济南的桥，有省立高中里的小桥，有大明湖里的鹊华桥，有老城里的西门桥、南门桥，但这些桥近旁都没有楼，唯有杆石桥正对城墙永绥门城楼。

遥想当年，诗人在杆石桥上边漫步、边赏景，与人谈天说地，体味老济南的市井生活，是多么惬意的一段时光。杆石桥韵味悠长的美景，永绥门气势恢宏的壮观，深深烙印在诗人心里；楼与桥，一高一低，错落层叠，遥相呼应，相得益彰的美，时常撼动着诗人的胸怀，激发了诗人的灵感，诗人心中那浪漫的情愫，与美景交融，在笔端泉涌般溢出，很快成就了一首永垂史册的佳作——《断章》。还有可靠资料言，说这首诗还隐含着一段无奈的单相思之恋——与卞之琳自北大上学期间直至后来，心中一直暗恋着一位才貌俱佳的张姓女子未果有关。在北大时，此女子是卞之琳一个班的旁听生，卞之琳对她一见钟情，但因种种原因，他一直把相思埋藏心底而从未开口表白。借景托情，暗抒胸臆，一段无人理解的情思悄悄浮出水面，但终究是与桥有缘而与美人无缘。杆石桥成就了诗人的传世佳作，诗人也给杆石桥留下了盛传不朽的风雅。

1935年12月，卞之琳的诗集《鱼目集》由上海文化生活出版社出版。1936年上半年，卞之琳继续在山东省立高级中学任教，同年3月，他与李广田、何其芳合著的诗作《汉园集》、译作《西窗集》（文学研究会"世界文学名著丛刊"之一）同时由上海商务印书馆出版。期间，卞之琳又陆续在各种报刊上发表了一些诗作与译文。1936年暑假，卞之琳辞去济南省立高级中学的教职，回到北平。

卞之琳是文学评论家、翻译家，与李广田、何其芳被称为"北大汉园三诗人"。他曾是徐志摩的学生，被公认是新文化运动中重要的诗歌流派新月派的代表诗人。卞之琳为中国文化教育事业做出了很大贡献，其主要诗集还有《三秋草》《十年诗草》等。

杆石桥，是一个有着深厚文气的地方。20世纪30年代，因杆石桥附近的山东省立高中和山东省立一中，属于山东中等学校之翘楚，全国许多著名作家纷纷来此任教，除卞之琳、李广田外，还有：胡也频、楚图南、李何林、董秋芳、董每戡、夏莱蒂、王祝晨、季羡林、丁玲等，由此，济南也成为全省一个文艺创作和普罗文学的中心。

　　锦缠沟畔柳毵毵，未老抽簪野兴酣。

　　忽忆南山绝佳处，青鞋布袜吊枝庵。

这是清代济南诗人董芸写的一首名为《锦缠沟》的诗，收录在他的名著《广齐音》中。此诗咏赞的是明代名宦济南诗人刘天民。有诗注曰："杆石桥在西关，跨锦缠沟。"刘天民诗文风格独具，时人称其诗"颇具杜甫之风"（乾隆《历城县志》）。他与边贡、李攀龙被称为"历下三绝"。

据史料载，刘天民的旧居就位于锦缠沟西岸，又有别墅在龙窝，晚年曾居南山吊枝庵。他辞官后，回到锦缠沟畔居住，常与四方雅士相聚于此，生活闲适又丰富，十分快活。一句"锦缠沟畔柳毵毵"，写的不仅是锦缠沟的桃红柳绿，更是诗人与家乡风物相融合的幸福惬意心态。不禁感慨，当年的杆石桥真是书香风雅之地。

清朝诗人王初桐也曾有诗云：

　　四风闸口汇川头，

　　处处回环碧玉流。

　　试看夹河桥畔柳，

　　飞花浮到锦缠沟。

四风闸是济南词人辛弃疾的故居，在今济南东郊。汇川桥在趵突泉东，夹河桥在趵突泉下游。济南的泉水，绵延几十公里，潺潺流淌，鸣响如歌，欢跳如珠，经汇川桥、夹河桥，犹如回环的碧玉，在水畔绿柳映衬下，迸射着水花，一路缠绵荡漾。锦缠沟畔绿树红花，四季锦绣，锦缠之美，名副其实。

杆石桥的历史风云

1911年10月10日，标志着辛亥革命开端的武昌起义爆发。11月13日，山东宣布独立，与清廷断绝关系，但仅仅过了10余天，即取消了独立名号。这一切正是因为袁世凯入京当权、阴谋窃国所致。袁世凯一面以军威胁迫清帝退位，一面压制江北革命力量的发展，并对刚刚被迫宣布独立的山东巡抚孙宝琦利诱、拉拢，迫使其取消独立名号，恢复清廷旧制；还派出他的党羽张广建、吴炳湘到济南，染指山东军政大权，对革命党人大打出手，企图控制山东局势。此时的济南，黑云翻滚，山雨欲来。辛亥革命志士刘保福（字梅五，中国同盟会会员，山东寿光胡营乡人）与同志密谋，决定除去吴炳湘，以灭其淫威。于是，他同邵沧澜、徐炳炎、王毓芬、姜华庭等人携炸弹分别埋伏在永绥门外杆石桥边，趁张广建、吴炳湘去赴宴过桥时，掷弹袭击，可惜吴炳湘未中弹，仅伤卫卒几人。吴炳湘虽仓皇逃窜，"然袁党气少沮矣"（参见丁惟汾《山东革命党史》稿）。

正义之士刘保福，于1915年6月2日被袁世凯陆军第五师所捕，9月30日在寿光小西门外就义。毋庸置疑，杆石桥，也是山东辛亥革命的重要遗址之一。

如今的杆石桥

经过风云变幻、沧桑润染的杆石桥，如今已完全变了模样。站在杆石桥高架桥下，环视周围，已经很难看出曾经的桥的模样。只有承接着泉城南北主要交通的高架路像一条腾飞的巨龙悬在空中，时不时发出呼啸般的吼鸣。时代在发展，济南在不断扩建，为了城市规划和交通便利，杆石桥

《经七路杆石桥旧貌》 齐敬峰 绘

也随之进行了多次改造。

1957年，对杆石桥进行改建。在原结构不变的基础上，桥的两侧各加了2.5米宽的木结构人行道作为临时桥。1962年，扩建文化西路。1965年，拓宽杆石桥街，这年，将石桥拆掉，改建为钢筋混凝土板桥。1981年，又在两侧增设钢架辅桥，各宽5米。至此，杆石桥不但几易其名，还彻底换了容颜，成为今天的模样。

现在的杆石桥，虽然已经找不出最初桥的影踪了，但桥的典雅遗风及所蕴含的历史文化内涵犹存，并传承至今。随着各行各业的入住和蓬勃发展，现在的杆石桥，已经不仅仅是一座桥，而是一个重要的地标性区域了。一提起杆石桥，就像泉城路、芙蓉街那么响当当，如雷贯耳。杆石桥已经成为济南市政治、商务、金融、企事业和济南市基础教育的中心街区。

杆石桥街道区域，东到民权大街，西至小纬六路，南至经十路，北到经六路，面积2.3平方公里，辖八个社区，是山东省委、省监委以及市中区委区政府等党政领导机关所在地。证券大厦、省移动大厦、银河大厦、光大银行济南分行办公楼、山东书城、国际财富中心等是辖区内重要的高层商业建筑；有山东省实验中学、济南育英中学、济南实验初中、济南胜利大街小学等10所省内知名学校，每一座学校都有着厚重的历史。一个街区内名校如此集中，在济南城区是绝无仅有的；有35家金融证券保险机构入住，许多银行、保险公司的总部都在这里。

街区内，商场及美食店随处可见。行走其中，日间感受着活力无限、蒸蒸日上的蓬勃之气；夜晚享受着霓虹闪烁、静谧婉约的浪漫格调，心中自会产生一种宾至如归的自由、安好、踏实与温馨。

据史料记载，20世纪30年代，杆石桥附近还曾开办过漂染厂（即原济南东元盛染厂，后改为东元盛织布厂）、办过济南最早的聋哑学校。岁月悠悠，时光流逝，杆石桥昔日的风雅与精髓一直都在，而且已经转变成今天的多彩风姿与辉煌繁盛，就像镶嵌在泉城的一颗璀璨明珠，熠熠生辉，光芒四射。

我家与杆石桥的情缘

总觉得世间缘很奇妙，人与人之间如此，人与物与地方之间，也是如此。我们一家三口与杆石桥就有着很深的情缘。

情缘之一。我对象当年就是实验中学毕业的，即经七路73号的山东省实验中学总校。这是他提起上学就自然而然、脱口而出的自豪。那是20世纪70年代末，我对象在东郊一所初中毕业后，听老师说市区杆石桥附近有个省实验中学，是重点高中，生源都很厉害，升学率也非常高，就是离家很远。当时他们班几乎没人想去那么远的市区读高中。我对象心中既向往又好奇，就抱着搏一搏的态度，参加了实验中学的招生考试，也算预料之中吧，顺利录取入校。实验中学离着他家20多公里，每天来回跑是不可能的，只能住校。两年的高中生活，是他最难忘的记忆。当时的学校条件还是很艰苦的，冬无暖气，夏无空调，宿舍是由实验室改造成的。他说，一天不在宿舍，晚上下了自习回来，脸盆里的水恨不得都能结冰。地面也冻得起霜。他的同桌家就在杆石桥，是回民。同桌的母亲是个勤劳善良朴实的阿姨，对他的照顾如同亲儿子一样，经常和同桌一起被叫到家里改善生活，给同桌做什么好吃的，必定有他一份。老人家的善良至今让他念念不忘，最让他难忘的就是同桌的妈妈包的韭菜虾皮饺子，说那是他吃过的最好吃的饺子。他与同桌相处得情同手足，成为一生的好朋友，至今关系密切如初。课余，他们会和同学一起在杆石桥附近小游一下。附近的大街小巷，留下了他们青春的足迹和欢乐的笑声。对象说，杆石桥还有一样让他难忘的小零食，就是回民小区做的五香花生米，也是他吃过的最美味的花生米。我第一次知道杆石桥花生米好吃，就是对象说的。到现在只要去那附近，他都会去找一个老摊位买一两包带回家解解馋。

情缘之二。我女儿小学毕业后，因为学习成绩比较好，意欲报考济南外国语初中。当时小升初也是择校的，不属于外国语学校片区的，只能以高分择优录取有限的名额，而且选拔非常严格，有笔试还有面试，尤其对英语基础的要求非常高。因为女儿的英语成绩比较好，口齿伶俐，口语流畅，通过了严格的考试，女儿如愿进入了济南外国语初中学习。当时，该校区就在杆石桥妇幼保健院对面。学校不是寄宿制，我们家离学校很远，于是，就在学校附近租了房子。女儿白天上学，我去位于东郊的公司上班。每天早晨，我五点多给女儿准备好早餐，把她叫醒，就去杆石桥桥南那里坐公司班车去上班。一天的工作结束下班后，再坐公司班车一路颠簸近一个半小时，回到杆石桥。在附近的小吃店买点快餐，买点水果，急匆匆回到出租屋，去照顾已经放学回家的女儿。见到女儿，一颗悬着的心才踏实。当时印象最深的就是各条街，尤其胜利大街卖各种货品的小门头一个挨一个，买东西非常方便。还有济南报业集团就在租住屋的街口。附近的小书亭每天各种报纸特别齐全，可以随意买一份。济南时报、都市女报、齐鲁晚报，都是当时经常买的报纸。当时觉得与郊区比起来，市区是真方便呀。租住的房子离着学校也很近。女儿学习之余，我们经常在附近散散步活动活动，买点报刊，对那一片区也越来越熟悉了。这里只有初一和初二年级，女儿在杆石桥校区度过了两年的时光。我也风雨无阻，跑了两年通勤，与女儿相伴，度过了紧张辛苦担心也快乐的一段时光，成为与杆石桥交集最长的一段记忆。后来，回忆起那段时光，经常会说，济南那么多街区，只有在杆石桥待的时间最长。

今年，适逢济南市中区街巷故事编辑，我又有幸采写杆石桥街区，仿佛又给了我一次与杆石桥重逢的机缘，不禁感叹，我们家真是与杆石桥有缘。

（杜东平/文）

经七路上，一颗晶莹璀璨的明珠

当一群白色的信鸽，掠过清秋的天空，朝向远处一棵枝叶繁茂的大树飞去时，我们来到了济南市市中区经七路73号大门前。

下车的瞬间，我被红门红柱的校门所吸引。"双手擎书"具有古典学府风格的大门，美丽壮观大气。红色牌匾上"山东省实验中学"七个金色大字在阳光下熠熠生辉。八根红柱，坚实有力，托举着的不仅是书籍，更承载着历史，托举着未来与梦想。远远地看去，校门又好似一只展翅欲飞的"大鹏"，寄予着设计者对实验中学未来的良好祝愿。我边走进校园边想，校门设计者的构思真是巧妙又深沉隽永。

迎着大门的是一栋四层高、东西方向长长的大楼，两侧的楼体墙面被繁茂的绿藤覆盖着，浩瀚的绿意呈现出盎然的青春景象。楼体中间红白相间的色调搭配，干净、明快、大气，楼门右上方标着红色的立体字"树蕙楼"。

校园里，一株株青松挺拔着，整齐的草坪闪着莹莹绿光，一片片紫薇花、矮牵牛，依然灼灼盛开着。一阵阵花香草香扑鼻而来，令人心情畅爽。这是校园吗？分明就是一座美丽鲜花盛开的大花园。

树蕙楼内，会议室里正在开会，老师们已提前入校，在做着开学前的准备工作。

树蕙楼北，图书馆、教学楼、体操楼，也已经处于准备状态，准备迎接即将开学的学生们。

红色门廊白色楼体的图书馆前，一块朱砂红色大理石上，是一双手托举着一个金色的圆球。大理石南侧刻着"登攀"二字，这"登攀"二字与大门口的校匾上的字"山东省实验中学"，都是由中国书法事业的继承和开拓者、中国书法家协会创始人和第一届主席、书法大师舒同先生题写。

大理石另外几侧，则刻着实验中学获得国际大奖的同学的名字及奖项。这是一个国际大奖赛的标志，双手托举着的是"地球"，寓意走向世界。我记住了大理石上其中一个同学的名字——郝若尘。

2015年，山东省实验中学高三年级23班学生郝若尘，参加了"英特尔国际科学与工程大奖赛"，其作品《蝙蝠仿真耳对空间目标定位的研究》获得lntel ISEF物理科学学科同类最佳奖、物理学科一等奖、美国声学学会奖。受邀和全额资助参加伦敦国际青年科学论坛。郝若尘也是迄今第一个获得物理学最佳奖的中国选手。也因此，一颗小行星以他的名字郝若尘（Ruochen Hao）命名。据悉，各类天体中，只有小行星是可以经过国际组织审批而得到国际公认的天体。浩瀚的宇宙星空中，共有约120颗以中国的人名、地名、机构等命名的小行星。郝若尘可谓天之骄子，乃实验、山东甚至中国的骄傲。

图书馆右侧，是高六层通体乳白色的实验科苑楼，楼前是青青的草坪和各色艳美的小花。蓝天上，如絮的白云轻轻游移着，一会儿堆积、一会儿散开。一只大鸟在空中自由翱翔。此时的我，眼中看到的就是一幅意境高远的静美图画。

伫立在科苑楼前，禁不住在想：实验中学有着怎样的历史呢？

1948年9月24日，济南解放。此前一天，原在山东省立济南第二临时中学工作的齐崇文等同志受命接管位于经六路的原省立济南第一临时中学。

1948年10月上中旬，济南战火刚刚熄灭，为尽快稳定解放后的局面，培养新时期建设人才，华东军管会以基础较好的山东省立济南第二临时中学（解放前就开展了党的活动）的师资为主，以省立济南第一临时中学（在经六路纬四路）的校舍为主，成立了济南特别市市立第二中学，校址仍在经六路纬四路，这是山东省实验中学的前身。

建校筹备委员会主任是原二临中校长江宜生（蒋世健），齐崇文任副主任，一临中的张云汉、李慎文（李柏人）和二临中的王英杰任委员。

1948年10月18日，学校正式开学上课。时有教职工63人，学生除原一二临中的以外，也吸收停办的四所私立学校（中山、中正、向村、建国学校）的部分学生，共编高初中20个班，学生1067人。首任校长是王大彤、教导主任是李伯仁、副教导主任是齐崇文、总务处主任是王英杰。

1948年10月下旬，"实验中学"开学后不久，即成立了党支部，有党员5人，支部书记是王大彤。实验中学也是济南最早成立党支部的中学。

1949年1月，学校划归华东大学领导，改名为"华东大学附属中学"。仍是普通完全中学性质。

1950年7月，华东大学与山东大学合并，迁往青岛。"华东大学附属中学"随之更名为"山东省实验中学"，担负"进行中学教育工作中的实验与改革"的任务。

在经六路原址，学校师生度过了最初的十余年时光。

1960年8月，学校迁至杆石桥现址，即经七路73号。

1971年5月，根据市里统一要求，将学校更名为"济南第二十二中学"。1978年3月，根据省里要求，学校恢复原校名"山东省实验中学"。1986年，学校停招初中班，由全日制完全中学变成纯高中学校。

2001年5月，又增设了山东省实验中学东校，校址位于历城区郭店镇三区20号。

实验中学，伴随着济南解放的隆隆炮声而诞生，迁址落户于具有历史渊源的教育圣地，如一棵参天大树，成长、开花、结果，如一只大鹏，心怀梦想，翱翔蓝天。实验，乃齐鲁知名学府，南依历山，东临趵突。七十年春秋鼎盛。浴火而生，其色尚赤。弄潮而起，秉性至刚。

远远望去，那白色的教学楼，那红色的体操楼，那绿色的操场，那绚丽的花坛，辉映在阳光下，闪烁着七彩的青春之光。我仿佛已经听到了朗朗的读书声在校园回荡。

　　沿着校园内东侧的林荫道，我们来到了一个秀美的圆形门前。圆门周围的墙上，也是满目的绿植。一枚枚叶子乍看杂乱，实则有序，它们竟然齐刷刷地朝一个方向排列着，向上生长着，呈现的是一种团结奋进的精神。金黄色"校史馆"几个字镶嵌在圆门上侧的一片绿意中，像几朵盛开的金莲花般祥瑞纯洁美丽。打开朱红色铜环的大门，一排古朴的起脊平房展现在眼前，房子前廊有九柱鼎立，灰砖灰瓦，镂空花饰，拱形咖色格子窗，院内花坛葱茏茂盛，一尊圣人孔子的雕像与房门相对。

　　实验中学校史馆，具有一百多年的历史，具有深厚的历史渊源，现已列为济南市文物，也是济南市爱国主义教育基地。

　　据资料介绍，"清光绪二十七年，即1901年，山东创办了济南第一所现代学校——山东大学堂，最初设在济南城里的'泺源书院'，后新校于1904年落成，校址正是实验中学现址：经七路73号。当时有房舍1700余间，是全国最早拥有发电所、使用自来水等现代设施的大学堂。1926年，该校址辟为'山东高等学堂'法学院，后又历经山东省立高中等变迁。2008年，实验中学将山东大学堂保留下的3间旧学舍改建为校史馆"。

　　校史馆展厅内，展示了自建校以来砥砺奋进、辉煌灿烂的办学历程。

　　山东省实验中学，是全国第一批使用"实验"名字的中学。是教育部命名的省级重点学校，意在承担基础教育和教育改革的实验，是山东省首批省级重点学校，山东省省级规范化学校。获得了"全国文明校园奖""全国教育系统先进集体"等诸多省级国家级荣誉。

　　时光的滋养，岁月的磨砺，已将实验育化成一颗晶莹璀璨的明珠，镶嵌在齐鲁大地上。

　　展厅南侧展板上，有一张黄河抢险的照片，那是1949年9月，黄河遇到六十年来从没有过的特大洪峰，学校抢险队凭借顽强的战斗力被抗洪指挥部命名为"直属中队"，这张照片曾被当时的《苏联妇女》画报以特写镜头刊登在封面上，也因此，学校当年有幸得到一个参加开国大典的名额。

　　实验中学秉承"为每一个学生创造主动发展的无限空间"的教育理念，和"务实求实、勇于探索、登攀不止、敢为人先"的实验精神，以

"博学日新、德行天下"为校训，发扬"团结、勤奋、求实、开拓"的校风、"爱生、严谨、善诱、创新"的教风和"立志、刻苦、多思、进取"的学风，春风化雨，孕育桃李，自建校以来，为国家培育了众多优秀毕业生。

在校史馆"桃李天下"专栏，许多校友名字如雷贯耳。如，作家张悦然、王海鸰，演员孙淳、歌唱家任桂珍、《长江之歌》作者王世光，外交部高级翻译张璐，著名水立方主设计师赵小钧，学校大门设计者李志宏等一大批各业界精英，都是山东省实验中学的毕业生。

青年作家张悦然是实验中学2001届校友。也是2001年第三届全国"新概念"作文大赛一等奖获得者，当代青年女作家，出版小说《誓鸟》《葵花走失在1890》《十爱》《樱桃之远》《水仙已乘鲤鱼去》等。其长篇小说《誓鸟》被评选为"2006年中国小说排行榜"最佳长篇小说；2018年，小说《大乔小乔》荣获"首届汪曾祺华语小说奖"中篇小说奖。

赵小钧，1985届校友，国家游泳中心——"水立方"的中方主设计师，是享誉世界的中国建筑设计师。

张璐，是1996届实验校友，在我国外交部翻译司任职，截至2018年3月，已连续9年在总理记者会上担任翻译。

王世光先生，是实验中学1958届校友，曾任中国音乐家协会副主席、中国歌剧院院长，创作的《长江之歌》、歌剧《第一百个新娘》和《马可·波罗》等众多作品蜚声中国乐坛，并为母校山东省实验中学谱写校歌《芳园何青青》。

李志宏，1981届校友，博士，在上海地方城乡规划、县域经济发展、重大项目（上海迪士尼乐园）建设及旅游管理上做出了重要贡献，系山东省实验中学校门的设计者。李志宏也是实验中学50周年校庆纪念雕塑——"沃土"的设计者。"沃土"雕塑位于实验中学主校区体育馆外东北角。坚实的金字塔形基座象征着实验中学为"一方沃土"，培育了一批批优秀毕业生，基座顶端的白色球形灯好似闪烁的烛光，象征着辛勤耕耘的老师，其"烛光"精神永远照耀着学生前进的道路。五个金属圆环，代表着

50年来校友队伍的不断壮大，也含有"年轮"之意。简单的"沃土"雕塑又像一个扎根在母校沃土上盛开的大花朵，寄寓了校友们对母校美好的祝愿，更蕴含着设计者对母校的无限深情。

正如《实验赋》中所言："座中群英，不可计量。长于文者，笔惊风雨，善于理者，名烁天罡。本于仁者，蹈海不顾；精于艺者，飞天袖长。"实验的学子们，是一颗颗星星，光洒华夏大地，是一株株桃李，芬芳着每一段征途。

观览完校园，当我们穿过树蕙楼走廊时，同行的王川老师在一个机器人实验室门口停下来，注视了许久，他深情而激动地说："这就是当年我在实验上课的教室。"随即，他在当年上课的教室门前，拍了一张照片。我想，王老师许是为了纪念曾经在这里度过的六年快乐时光吧。

在实验走过的路上，艰辛与荣誉并存，前辈先贤，厥功甚伟。实验的每寸土地上，都浸润着一代代实验人的汗水和心血。

人不可以漠视时间的厚度。在实验中学的历史面前，须永葆一种景仰之情。

最后，引用我喜爱的青年作家张悦然的语句结束本文，并表达我对实验中学的深情："你就在我的左边，在我的右边，在我的无处不在的世界里。"

（杜东平/文）

刘秀英：
一名普通共产党员的闪亮人生

　　2015年9月3日，纪念中国人民抗日战争暨世界反法西斯战争胜利70周年阅兵式在北京天安门广场隆重举行。在"抗战老同志乘车方队"中，有一位来自山东的88岁支前模范，她就是济南市的刘秀英老人。

　　2021年7月12日，笔者在济南市市中区杆石桥街道新市区崇德街的一个小区，见到了已经94岁高龄的刘秀英。老人衣着朴素干净，笑容慈祥和蔼，头发梳得整整齐齐，热情地招呼着让我们快坐下。

　　在刘秀英房间的东墙上，挂着4张照片，其中有3张彩色照片，正是2015年她参加阅兵式时拍摄的，紫蓝上衣，深蓝裤子，胸前佩戴着代表证，怀抱一束鲜花，端庄地站着，满脸的幸福。

芳华岁月　请缨支前

　　"母亲出生于1927年10月，是新中国成立前的老党员，已经有70多年的党龄了。老家是青州市贾庙村的。从十几岁，母亲就参加了支前担架队，参加了妇救会和民兵组织……"刘秀英老人的长子陈新民一边展示着母亲参加阅兵的照片和资料，一边介绍母亲的过往。

　　1944年，贾庙村和周围村庄的群众组成支前队、游击队，配合八路军反击"大扫荡"。经过几次激烈的交战之后，沉重打击了日军的恶行，但是，不少八路军指战员和游击队员也负伤了。17岁的刘秀英毅然主动报名参加了担架队，加入支前队伍行列。在队里，她不怕苦不怕累，和其他队员一起，给伤员洗脸、洗手、喝水、喂饭、喂药、补军装……

　　看着受伤的同志面黄肌瘦的样子，刘秀英把家里的鸡宰杀了炖汤给伤员补充营养，还把家里不多的煎饼都拿给伤员吃，自己饿了则喝点地瓜叶子熬的糊糊充饥。

　　交流期间，说起当时的情景，老人眼中依然盈满热泪，"当时的情况很惨啊，伤员太多了，有的伤员牺牲时，胳膊上写着名字、籍贯和部队编号的布条被打没有了，连名字和老家是哪里都不知道了"。

　　陈新民说，因为在担架队能干能吃苦，完成任务出色，刘秀英被任命为队长。她还带领42名女队员勇敢地走出去，一起到周边地区支前。队伍中，年龄最大的22岁，最小的只有16岁，她们都有着花一样的年龄和火一样的热情，在国家危难时刻，义无反顾地奉献着自己的光和热。由于工作成绩突出，1946年，刘秀英和队员们全部火线入伍，成为光荣的军人。

坚韧豁达　　巾帼须眉

　　"母亲从小家境贫寒，7岁时，父母就先后去世了。在乡亲的帮助下，母亲把两个年幼的弟弟拉扯大，后来又把他们都送入部队。"陈新民说，他的两个舅舅也都是军人，一家姐弟仨，都参加了抗日战争和解放战争，"我父亲也是青州人，是1938年参加革命的老兵。"

　　"月亮底下搓麻线，油灯底下纳鞋底。"刘秀英老人常念叨的这两句歌谣，正是抗战时期妇救会"挑灯夜战"工作的真实写照，也是战争年代军民齐心、共同抗日保家卫国的形象描述。

　　抗日战争期间，刘秀英和队员们趁着夜色做军鞋、碾小米，还曾和队员们一起推起独轮车为八路军送军粮。独轮车很难驾驭，即使男同志也不好把握平衡，而且山路坑坑洼洼，崎岖险陡，通行困难时，刘秀英就干脆背起车上的粮食前行，压得腰弯腿肿，脚也磨破了皮，但她从不喊苦喊累。

在部队，刘秀英吃苦在前，总是抢着干活，忘我地工作，从不考虑自己的得失。苦难的童年和部队的经历，练就了她的坚韧与豁达，战争与困难面前，她从不退缩，可谓巾帼不让须眉。

抗日战争结束后，根据工作需要，刘秀英又先后在安丘独立团和昌潍保安司令部一团当卫生员。1949年2月，刘秀英光荣地加入了中国共产党。提起入党，老人感慨地说，这是她一辈子最难忘的时刻。

1949年2月至1955年10月，刘秀英先后由昌潍保安司令部一团调任华东铁路警备司令部二团二营、铁路警备二大队、乘务大队，担任大队卫生员。1955年10月，根据组织安排，刘秀英离开部队，到济南铁路局防疫站工作。

岗位在变换，但忘我工作的初心不变。在不同的岗位上，刘秀英始终以军人的作风严苛要求自己，出色地完成各项工作，并多次获得嘉奖。

平凡岗位　闪光人生

1970年，刘秀英到杆石桥街道新市区社区居委会工作。平凡的岗位上，刘秀英仍以共产党员的标准严格要求自己，在琐碎、繁忙的工作中，奉献着自己的热情与爱心。

工作中，刘秀英想居民所想，急居民所急，想方设法为居民办实事、排忧解难，成了居民的"老管家"和"贴心人"。刘秀英还千方百计筹措资金，办起了小饭店、小商店，解决了辖区内无业居民、贫困居民的就业和生活问题。"母亲说过，居民的事儿，就是居委会的大事儿，说多好听的话都不如做一件实事儿。"陈新民说。

生活中，刘秀英始终保持着勤俭节约的作风，一双鞋穿好多年也不舍得扔，衣服破了自己补一补再穿，住的房子也一直是50多年前的老房子。

尽管如此，老人在7月1日、10月1日等特殊日子里，都主动以交纳特殊党费的形式献礼；在洪涝、地震等灾害袭来时，在疫情肆虐之际，老人都主动捐款捐物，展现出了一位老党员、老军人的家国情怀。

刘秀英老人的一生获得荣誉无数，奖状和证书纪念章至今都珍藏在一个红布包里。她打开红布包，小心地拿出来放在桌子上，一一为我们展示。虽然有的证书已经泛黄，但每一份荣誉都凝聚着时光的年轮，蕴含着一段感人的故事，尤其是一枚金灿灿的"中国人民抗日战争胜利七十周年大阅兵纪念章"特别引人注目，熠熠生辉。

"每一寸土都有人奔赴，每一寸天都以生死来守护。"2015年9月，刘秀英老人应邀去北京参加了纪念中国人民抗日战争暨世界反法西斯战争胜利70周年阅兵式。大阅兵方队中，有抗战老同志乘车方队2个，共288人，由抗战老兵、抗日英烈代及以及抗战支前模范代表组成。其中120名是支前模范，山东有20名，刘秀英就是其中之一。"参加大阅兵是我最幸福最荣耀的时刻，感谢党和组织给予我的荣誉。"说起北京大阅兵之行，刘秀英幸福地说。

（杜东平/文）

青砖方楼依旧，紫燕呢喃故情

　　两座青砖砌筑的二层小楼，沐浴在八月的阳光下。

　　两座小楼被密匝匝的爬墙虎覆盖着，浓绿直达屋顶。只有窗户和门洞，眼睛似的露在外面，望着高远的天空。一片凌霄花的藤叶爬满了楼前长长的藤架，垂下的藤就像一袭绿色的帘子，好看极了。与爬墙虎相连，简直成了绿色的海洋。

　　有微凉的风吹拂过来，一簇簇橙红色的凌霄花，便随之摇曳起来，让人赏心悦目。

　　走近两座青砖方楼中的一座——尽美楼，即东楼，就见右侧门柱上，有一绿底镶嵌灰色的牌子，上写有几个金黄色的大字："山东建团纪念馆"。

　　小楼是拱门尖顶中西合璧式建筑样式。六柱五拱两层，内部是木质结构，外侧是青砖墙面。酱红色门窗，酱红色"裙腰"，"裙腰"及门窗弧形部位都有古朴典雅的花纹。

　　小楼门口北侧，有四本逼真的雕塑书籍，最上面一本，翻开的书页上写有工整的"入团誓词"，一枚"团徽"在左页上闪亮着。

　　楼前，有一尊育英中学首任校长、校董孔祥珂先生的雕像。底座两侧刻着"艰苦勤劳、汲才育英""得天下英才而教育之"的金字校训，在阳光下熠熠生辉。

　　济南育英中学建于1913年3月，是由孔祥珂先生与几位社会名流、爱国学生一同创办，当时是"济南私立育英中学"，旨在弘扬国粹，择优而教，培育英才，教育济世。孔祥珂先生，是孔子第七十五代嫡孙，近代五四爱国运动先驱，民国早期著名的教育和社会活动家。1919年春，他作为山东省民意代表赴法参加巴黎和会。1956年5月16日，济南市教育局宣布改"济南私立育英中学"为山东省济南市第十六中学。1985年3月1日，济南市人民政府批复市教育局，恢复原校名"济南育英中学"。

据悉，青砖小楼始建于1904年，当时是山东高等学堂外籍教师宿舍。1919年春天，育英中学由原址迁来此处，后作为教室兼图书馆使用。

从西门走进小楼。酱红色木制楼梯呈现在眼前。楼梯是小楼初建时的楼梯，已经具有一百多年的历史，斑驳的油漆，凸显的木缝，无不留下了历史的痕迹。

沿着长长的楼梯，缓步而上，踏在上面"咚咚"的声音，仿佛是历史的风云仍在激荡。我边走边想，这楼梯上，曾经烙下多少先贤的脚印啊。

来到二楼纪念馆展厅。

进门右侧，墙上一幅浮雕特别醒目。中间的两人豪气满怀，神情刚毅，一位高举着一支笔，另一位手握一本书，他们就是曾在这个校园留下了无数青春奋斗故事的山东党的一大、二大代表王尽美、邓恩铭同志；浮雕下面是当时在育英中学建立社会主义青年团济南地方团时的场景。

我看见展馆的南墙上，端挂着沈雁冰先生题写的"齐鲁书社"牌匾。这里是百年前齐鲁书社和励新学社的还原场景。那些刻满沧桑的民国时期的书架上、橱柜里，陈列着当时的许多书籍。其中，有一本是道光年间的康熙字典原件。泛黄的书页和卷起的书边，似乎在讲述着一段闪耀着青春光芒的历史。

齐鲁书社前身是齐鲁通讯社。1919年10月，由王乐平创办，并设有售书部，1920年，扩建为齐鲁书社，王乐平任社长。齐鲁书社并不以营利为目的，而是以"传播文化为宗旨，促进社会文化的进步为主要目的"，这里有《新青年》《资本论》等各地出版的进步书刊。

当时，省立第一师范的王尽美、省立一中的邓恩铭和育英中学的国文教员王翔千等都是这里的常客，常来此购书、研讨，并影响了一批向往共产主义的进步青年，在此交流，进行革命活动。

受齐鲁书社启发，1920年，王尽美、邓恩铭和王翔千等组织成立了励新学会，并创办了《励新》半月刊，仍以齐鲁书社为阵地，进一步宣传新思想、新文化，传播马列主义。

1921年春，王尽美、邓恩铭、王翔千发起建立了济南共产主义小组，5月创办了《济南劳动周刊》，1922年7月，易名为《山东劳动周刊》，王翔千任主编。1921年9月，他们三人又发起建立了济南"马克思学说研讨会"。

中国共产党一大召开前，全国只有58名党员，山东就有3位，即王尽美、邓恩铭、王翔千。他们都成为最早期的中国共产党党员。

馆内南墙上挂着王尽美、邓恩铭、王翔千他们风华正茂的照片。无论是英气十足的王尽美、邓恩铭，还是温文尔雅的王翔千，眼神中都透出一种凛然浩气。

展馆里露着木头底纹的老式雕花桌椅，桌上的老式打字机，都沉淀着时光的印记。看着这些老物件，仿佛听到了脚步声穿越时空而来，仿佛看到了那些年轻人当年组织活动的场景。

那是1922年的9月16日，一个周六的下午，王尽美、邓恩铭等十几个年轻人来到育英中学门口，门卫询问他们进校事由，他们灵机一动，借故说去找王翔千老师有事儿，随即进入育英中学教室，即当时的青砖小楼西楼一楼的西南部房间（今会议室）。经过严密商讨，组织召开了"社会主义青年团济南地方团"成立大会，并制定了相关团的章程。会议由王尽美、邓恩铭主持。王翔千作为特别团员参加。育英中学的学生王爽、尹振祚等参加了大会。自此，山东也有了团的组织。之后，在这里又召开了很多次团组织会议。他们经常在此相聚，既严肃又激情四射，畅谈理想信仰，向着济世救国的方向，勇敢出征。

王翔千是育英学生先进思想的启迪者，是进步学生的领路人。育英中学建有团支部，由王翔千负责。在他的影响下，许多学生在校即参加了革

《育英中学》　海珠 绘

《南新街黑伯龙故居》　吴疆 绘

命，如烈士李清漪、朱霄等。

1924年6月15日，济南团地委召开全体团员大会，组成新的济南团地委，下辖三个支部，共有团员29人。第二支部为育英中学，共4人。1925年3月，中共私立育英中学党支部成立，由中共山东地委直接领导。

1925年8月，王尽美同志因工作积劳成疾牺牲，邓恩铭同志也因叛徒王复元告密后被捕。王翔千和党失掉了联系，遂回到诸城老家。在家乡，他一边教学，一边传播先进思想，引领当地许多青年走上了革命道路。作为王尽美的老乡及革命战友，王翔千主动找到王尽美的两个儿子，资助孩子上学，尽心培养他们。他对两个孩子说："如果你参加革命，就参加你父亲参加的那个党。"1937年，王尽美的大儿子王乃征，也义无反顾地加入了中国共产党，继续父亲未完成的事业。此时，离王尽美牺牲已经过去12年。王翔千默默无闻地用他的行动，践行着他和王尽美的情谊。

新中国成立后，王翔千当选为山东省各界人民代表会议代表、山东省政协委员。其后，他努力工作，孜孜学习，每月节约的生活费捐赠家乡、奖励劳模，1956年5月29日病逝。

育英中学秉承建校初期"得天下英才而教育之"的校训，以"尊道贵德"为育英文化核心，培养出了一大批济世英才和各业精英，如中共中央政治局原常委、中央组织部原部长宋平，前广东省委书记任仲夷，前外交部副部长王若杰，中国运载火箭导弹专家周家麟，书法文化大师魏启后，画家黑伯龙，山东大学副校长马长义，著名演员王玉梅等。

走出尽美楼，大朵的云花在天空盛开，阳光柔和了许多。树枝间的蝉鸣无比响亮。两只大喜鹊在楼前扑棱棱飞起，打了个旋儿落在了北侧的梧桐树上。

西侧的青砖小楼——紫燕楼前，有两棵柿子树，撑着茂密的树盖，珠圆玉润的柿子缀满枝丫，只等秋阳着色，收获在即。楼西头门廊下挂着"山东建团遗址"的标识牌。

紫燕楼和尽美楼的称呼是最近十年前命名的。尽美楼寓意不言而喻。紫燕楼，则是因这两座方楼里面是木质结构，曾经吸引了许多小燕子在此筑巢、孵化抚育幼燕。这种景象持续了很多年，一直到十几年前南方的一场严重冻雨，小燕子再也没有回来。青砖方楼依旧在，紫燕呢喃故园情。那些可爱的小燕子成为一代代育英人记忆中永不褪色的温暖回忆。育英学子也希望有小燕子那样坚韧不拔的毅力，做好自己。就像先贤们那坚定不移、勇往直前的执着和信仰。虽然他们早已飞向梦想的天空，不再回返，但精神永存，并代代传承。

百年风雨，洗尽铅华，世纪的清泉缓缓流过。育英中学已经成长为济南市规模最大的初级中学，迄今为止，已经为国家培养了六万余名育英合格人才。

如今的育英校园集古典与现代文明于一身，弥漫着浓厚的历史文化气息和花园般美丽的芬芳。处处可见绿草茵茵，绿树翁郁，翠竹挺秀，硕果累累。凌霄花月季花在绿植中灼灼盛开，格外娇艳。

"抗战时期育英人展示长廊""育英学子文化长廊"展示着无数育英人的风采。育英人演绎着一个个动人的春天的故事，书写着一曲曲春华秋实的岁月之歌。

按比例缩小的原育英中学校门，静静矗立在东南方位，像一位历经沧桑的老人欣慰目睹着校园的一切。原大门牌匾上"育英中学校"几个大字是黄炎培先生亲笔题字。最上端一朵盛开的莲花，象征着育英学子纯洁无瑕的高雅情操和家国情怀。

站在校园门口，再次回望。正对大门的圆形草坪上，端坐着一块壮硕的泰山石，石上布满灰白色花纹，如人体的筋脉一般缠绕却清晰遒劲。石周小草生机勃勃，两棵威武的黑松像忠实的护卫一样挺立在石后。石前，一块青色大理石上版刻着《育英赋》："齐鲁育教，源深流远，及至育英，愈绽殊彩，枕泰山一脉，居泉城之中……"此情此景，让我想到了家国、孩子、团结、力量等词语。育英赋，就是育英史、育英文化的集中体现。育英文化不仅仅是一种知识、财富、精神和力量，更是一种灵魂、品格、血脉和情怀。

蓦然回首间，突然想起了诗人陈忠在《经七路103号——济南育英中学建团遗址》一诗中的两段诗句：

> 1922 年 9 月 16 日那一天
>
> 他们将一种进步的精神
>
> 转变成了一种奋斗终生的信念
>
> 他们希望有一天，如火的青春能换来生之美好
>
> 呼吸，是自由的
>
> 民主，比爱更让人感到温暖
>
> 大地上所有的生命，由此，都活得很有尊严
>
>
> 在青砖砌筑的小楼前，有开放的花朵和纯真的笑声
>
> 就会有人相信往事不如烟
>
> 那爬满青藤的墙壁上
>
> 相互交错着攀爬的姿态
>
> 这校园里生长出的豆蔻年华啊，值得很多人
>
> 缅怀，或者怀念，还有不是为了忘却的纪念……

　　青砖方楼，英魂永在，百年沧桑，沉淀梦想。一代代育英人，不忘先贤之奉献精神，"自强不息，永不言败"，志在"艰苦勤劳，丹心报国"。明日育英，必将"书育教之焕彩，灿然翱翔"！

（杜东平/文）

私人博物馆的家国情怀

位于济南市市中区杆石桥街道办事处春元里的"齐泉书屋"是一家私人博物馆，馆藏了诸多时间跨度长达一百多年的老物件。每一件藏品，都是一个历史的"切片"，凝聚着历史、沉淀着沧桑，记录着时代的变迁，闪烁着流年的光影，更反映了百年来的时代巨变与发展进步。

博物馆的主人是现年74岁的崔兆森老先生。他对"时光"的收藏，没有任何功利，却体现着深厚的家国情怀。为了收藏，他付出了超常的精力与物力，甚至为寻遗补缺而踏破铁鞋、不遗余力。这个过程丰富了他的收藏故事，也见证了他与时光同行的扎实步履。

《大众电影》与收藏梦

2021年5月11日下午，笔者在杆石桥办事处工作人员的带领下，来到了齐泉博物馆。一到门口，就看到 "齐泉书屋"的横匾和左侧的"齐泉"几个大字，正是崔兆森先生手书，工整而刚劲，不免心生敬仰之情。

一位满面笑容、和蔼慈祥、脸盘方正的老者在门口握手相迎。这就是崔先生。

进屋是一间会客室，据了解，几乎每天，崔老都会来这里值班，接待前来参观的客人。之所以不辞劳苦，就是想让更多人看到我们的往昔与曾经，那一代代人的生存见证，从而有所思考，有所领悟。

打开会客室里面的一道门，沿着楼梯进入地下室，倏然之间，琳琅满目的各种藏品，令人目不暇接、惊叹不已，简直就是一个令人难以想象的"历史时空"。

崔先生从他的书房说起，用亲切自然又专业如讲解员般的口吻，述说他的收藏缘起。他告诉笔者，自己一直期盼着有间书房。1994年10月，老伴单位分了一个三居室，女儿上大学后，家里只剩两口人了，就精心打造了一间书房。那座老房子在春元里南面的小纬六路南街，后来按照要求全部搬迁，看着空空的旧居，他把"小纬六路南街"的门牌号摘下收藏作为永久纪念。"就是那个牌子。"他指给笔者看，并精准地说出了收藏日期：1994年3月24日。

崔先生说，当年因为有了书房，就产生了收藏的想法。也许是心中的某个情结，促使他一发不可收。

崔兆森1970年参军，有15年军龄，在部队做过文化干事，负责放电影，对电影情有独钟。1994年，他开始收藏《大众电影》杂志，用了近10年时间，才一期不落地收藏齐全。当时没有网络，获得信息很难，他就时常骑着自行车到旧物市场寻找，几乎每个周末，济南英雄山文化市场都少不了他的身影，还多次去过北京潘家园、报国寺，上海文庙，南京朝天宫。有一年冬天，为了购得15本《大众电影》，他周六晚上坐火车去上海，第二天凌晨四点多下火车，冻得哆哆嗦嗦地等候在卖者门口数小时，却痴心不改。最后只差一本1950年6月出版的创刊号了，只好在《大众电影》刊发了两次征集广告："寻寻觅觅十年路，一步之遥大团圆""谁来圆我的《大众电影》梦"。2004年的一天，一位叫聂传生的潍坊朋友，在逛济南文化市场时说发现了一本《大众电影》创刊号，急忙打电话告诉他，他二话没说，骑着自行车就飞奔过去，整本杂志仅19页，要价2800元，他当即买下。凑齐了相隔54年的整套杂志，他每本都自费缩印了封面，整整齐齐地贴在了墙上，看上去蔚为壮观。

当年，崔永元的"电影传奇"栏目想用《大众电影》杂志作为基础资料，挖掘电影故事，就到《大众电影》杂志社去借阅，但杂志社根本不全。后来，他了解到，全国拥有整套《大众电影》杂志的只有两人，一位是黑龙江的一位龚姓老人，一位就是崔兆森。崔永元先去了东北，碰壁后只好让他的搭档——一位山东老乡给崔兆森打电话，说要出钱租用。崔兆森知道情况后，爽快地说："搞宣传，不用租，无偿借给你，只有一个条件，别弄丢了。"崔永元拟派人第二天来办理借阅手续，崔兆森说不用跑，我去北京办事，正好给你们捎去。

崔永元见到五箱子沉甸甸的《大众电影》，感动地说："无偿借给咱，山东人仗义。"于是，崔永元在每一档节目背景上都写上了感谢"八一、长春、北京、珠江"四个电影制片厂和山东崔兆森先生的字幕。后来，崔永元想借此事邀请崔兆森做一个访谈节目，但行事低调的崔兆森婉拒了。

另外，1955年创刊的《中国摄影》，1954年创刊的《集邮》等20多种杂志，崔兆森都是一本不缺，每种杂志在300—400本，几十年的收藏加起来共4436本。

兴情助力　无私奉献

2019年，省博物馆举办了一个题为"奋进70年"的展览。其中，有50多平方米展位是崔兆森的藏品。当时参展的照片，现都整齐地贴在齐泉博物馆楼梯间的墙上。10张照片、10张奖状，有父母的、自己的、妹妹的、孩子的，10口人的荣誉，展示的是美好的家风。

崔兆森看着这些照片说，他做这些，是想反映一个百姓人家的普通生活与勤恳工作，一个普通家庭的几代人与祖国同成长、共命运的历程，如果有了功利色彩，也就失去意义了。"收藏的是生活，珍藏的是记忆。"为此，省委宣传部、省发改委还给崔兆森颁发了"兴情助力、无私奉献"锦旗，作为对他的做人以及创办私人博物馆的支持与鼓励。

博物馆里的"时光通道"展示区，摆放着不同时代的钟表：从崔兆森小时候使用的小闹钟，到20世纪80年代的康巴斯。凡曾使用过的，他都不曾丢弃。从钟表的更替中，人们看到了时光流逝的痕迹。

他还收藏了自己用过的所有手机，从"大哥大"到"苹果"。崔兆森幽默地说，年轻时对未来的憧憬"楼上楼下电灯电话"，现在都实现了，两口子一人各自抱着一个手机，谁也不理谁了。

一张老照片的故事

墙上有一张宽幅黑白大照片特别引人注目。标题是"毛泽东主席同党和国家其他领导人接见参加演出《东方红》的全体人员合影"，落款时间是"一九六四年十月十六日"，地点是北京。崔兆森跟我们讲述了有关这张照片的感人故事。这张照片是他的初中、高中同班同学贾亚光2017年9月12日从河北专程过来赠送给齐泉博物馆的，这张从未公开发表过的照片是贾亚光的父亲贾振明留存下来的。贾振明曾是前卫文工团政委，1964年，他率团赴京参加演出，演出结束后，党和国家领导人接见演职人员并合影，这照片就是贾振明当时保存的一张。

崔老先生拿到这张照片，非常感动。第二天他悄悄复印了一份，将原件寄还给老同学。贾亚光收到照片惊讶地问："怎么还给我了？你不喜欢吗？"崔老说："不是不喜欢，这是你的至高无上的纪念和最爱，我不应该拿着，有复印件就可以了，将故事留下，足矣。"崔兆森介绍着老照片的来历："据贾亚光讲，就是那天，拍完这张合影后，敬爱的周总理当场宣布：'刚才我们在西部成功爆炸了中国第一颗原子弹。'人们欢呼雀跃，大会堂里一片欢腾。这张照片记录的是一个重要的日子，更是伴随贾家的幸福和荣誉。"他的同学一直把这张照片作为传家宝珍藏在身边。

镌刻着时光年轮的老物件

齐泉博物馆里，还收藏了有年代感的录音机、光碟机、录像机等系列音响设备，也都带着岁月的"包浆"。

楼梯左侧的物架上，整齐摆放着四个各有特色的旅行箱。排在最前面的一个是崔兆森的父亲使用过的绑带皮箱，父亲当年是老八路，曾提着这个皮箱到胶东买过武器；第二个是崔兆森的哥哥上山下乡时使用的柳条包；第三个是他自己当兵时用过的人造革提包；第四个是女儿出国求学时用的拉杆箱。他说，他这代人见证了祖国的成长、发展和改革开放的全过程，目睹了科技日新月异和物质生活的提高，比如：有了打火机，火柴消失了；有了计算器，算盘没有了……但存留老物件，可以让后人看到我们曾经的生活与精神轨迹。

书架上摆放着用了近二十年收集的各类辞书。崔兆森说："现在有了百度，很少有人经常查《辞海》《辞源》了。但它们的价值永远存在，是现代科技不能替代的。"

崔兆森带领我们走过一排排展柜，一一介绍他父母使用过的老家具、老钟表、父亲的中山装、老八路奖章、母亲的嫁衣和织的布，还有民国时期的头发篦子、针线簸箩，旧时代放干粮的竹篮子……还有他自己的立功奖章、优秀党员证书、全系列党章等。崔老风趣地说："竹篮挂起来，是防老鼠，其实也是防孩子偷吃……"面对这些静静的老物件，恍若穿越时空，却有着遥远又亲切的复杂感受。

在博物馆里，我们还看到了20世纪六七十年代的"三转一响"（自行车、手表、缝纫机、收音机），80年代的冰箱彩电洗衣机，葡萄糖注射液玻璃瓶做的烫壶，胶皮暖水袋、电热毯……让人不自觉地今昔对比，一系列物件的升级变化，伴随的是幸福感的不断提升。

崔兆森拿起底层架子的一个铁皮镂空暖瓶，讲述了它的"诞生"过程。铁皮镂空暖瓶是济南市的特产，集中了三家工厂的材料和工艺。当时，大观园东边有一个链条厂，将自行车链条扣砸扁了，利用下脚料，由原山东搪瓷厂进行挂瓷工艺，再由原济南保温瓶厂做成暖瓶。其最大的特点是不漏水，不碱（不腐蚀），通风。这个暖瓶是循环经济利用的最初体现。

一个拓片的故事

齐泉博物馆里保存了一个墓碑拓片。崔兆森给我们详细介绍了墓碑的发现过程。1995年，时任山东省人民银行办公室副主任的崔兆森被电话告知，济南市人民银行开工的宿舍楼下，施工人员发现了一个古墓及墓碑。喜欢文物的他当即阻止填埋并通知了文物部门。这块墓碑后被济南市博物馆收藏。碑有"齐州历城怀智里""秦琼父亲秦爱窆于齐州历城怀智里"等字样。崔兆森之所以保存了一个拓片，是因为这个墓碑包含着两个非常重要的内容：一是证明了秦琼父亲秦爱墓遗迹就在怀智里，从而否定了秦琼父亲葬于其他几个地方的传说，极具考古价值；二是溯源了里坊制，证明了一千多年前，那地方就叫怀智里，且实行了里坊制，即500户为一里，经二到经四路、经三路到纬三路之间的商铺为一坊。

"作为济南人，应该了解并挖掘济南的历史与文化，这样才有利于社会的文明进步与和谐发展。"崔兆森说，一件拓片凝固的是不能被湮没的历史，济南人有理由记住。

一笔一画写生活

崔兆森出身于书香之家、革命之家。展柜里收藏了许多保存完好的家书，虽然已经泛黄，但字迹清晰明了，仿佛依然散发着淡淡的墨香。其中一封是一个本家爷爷60年前写给他哥哥的信，饶有趣味，目的是督促他哥哥好好读书，崔兆森背得滚瓜烂熟："读得书多胜大邱，不用耕种自然收，白日不怕人来借，黑夜不怕贼来偷，虫蝗旱涝无伤损，到处逢人到处留，东家有酒东家醉，自在风流到白头。"我们听着也是啧啧称奇。

在玻璃展柜里，一沓一沓的名片整整齐齐码在一起，居然是多年来别人送给崔兆森的，一张不少全都收藏至今。体现了崔兆森对他人、对自己的一份尊重。

更令人惊讶和震撼的是，崔兆森从1970年12月22日当兵第一天开始写日记，一天未停，现已写到第126本，内容是生活琐事、日常见闻、所作所为，甚至有第一张工资条上记录的几元的津贴，可谓一部完整的个人生活史，极具社会学价值，字数有1500万字。而且所有内容已录入电脑，并存入8G的存储卡里。他说，从纸张到电子产品，科技的飞跃是多么巨大。笔者看到，50多年的所有日记本一本不少整齐地码在展柜里，并且规格大致统一。这一笔一画的记录，充分体现了一位热爱工作、热爱生活的人的美好情趣和一丝不苟的精神，更体现了他经年累月坚持不懈的毅力。

天安门前留个影

一楼迎门的柱子上，有两张照片很是引人注目，一张黑白，一张彩色。后面背景都是天安门。崔老说，上面那张黑白照片是1966年12月他和另五位同学一起徒步7天到北京后的合影，下面一张彩色照片则是时隔50年之后的2016年12月，6位同学在济南再次相聚的合影。虽然再不可能步行到达天安门了，但他们怀念青春岁月，就把天安门合成到了照片上。两张照片，历经半个世纪，贴在一处，一张风华正茂的年龄，满脸稚嫩；一张霜染双鬓，笑容更加灿烂。

齐泉博物馆是一个物件收藏馆，它记录着时代的变迁，流淌着时光的痕迹。在这里能找到绝大部分代表时代进步物件更替的印记，是一个普通家庭随着时代变迁，生活各方面发生变化的过程折射。

收藏生活　珍藏记忆

2016年，齐泉博物馆获得中国收藏家协会主办的"水落坡杯"山东民间十大收藏家称号，且居首位。藏品《大众电影》系列同时荣获山东民间十大收藏精品。2015年，济南市非遗办公室和群众艺术馆给举办了以"收藏生活，珍藏记忆"为题的"崔兆森个人收藏展"。2019年，崔兆森出版了《家庭博物馆里的中国——我家七十年》一书，全国政协常委、《文史哲》主编王学典为该书作序。2020年，此书被国家出版署列入全国农家书屋收藏书目，2021年上半年荣获华东六省市哲学社会科学一等奖等三项荣誉，并签订了韩语版出版协议。

有专家认为，齐泉博物馆的藏品，是中国时代变迁的缩影，体现了崔兆森深沉的家国情怀，它不仅是属于崔先生的私人博物馆，也是属于济南的、属于山东的，更是属于中国的。

离开齐泉博物馆前，笔者怀着敬慕之情，在写有"秦琼故里"的横匾下和挂着"小纬六路南街60号"门牌的木门前，与崔老先生合影留念。

（杜东平/文）

斜马路上的梨花公馆

这是一条寂静的小街。树影婆娑，绿荫如盖，木棉花开得正艳。街两旁，静静地伫立着一排排高低错落的老建筑。

站在路东端观看，右侧墙上红底楷体黑字的一个标识映入眼帘，上写"斜马路"三个大字。标识牌右侧墙上是一幅巨大的铜色军民抗战雕刻画，画上的持枪射击的军人，栩栩如生。

从斜马路东北端往西南望去，只见一条纤秀笔直的林荫道，通往经七路。

走在斜马路浓密的树荫下，虽已接近中午，但仍有一丝清凉略过脸颊，盛夏的此时，并不感到那么燥热。

从斜马路东端，走进斜马路不远，就看到路南有一处平房院落。大门口左侧，挂着金属灰色的牌子——"梨花公馆旧址"，并标注"山东省第五批文物保护单位""山东省人民政府，二〇一五年六月二十三日公布"。

据资料介绍，梨花公馆设立于1941年，是日军侵华时期，日本特务驻山东济南的八大特务机构之一，直属日第十二军参谋部。这里曾经见证了日本侵略军大量的军事、政治、经济等谍报及破坏抗日组织的活动。

住在梨花公馆的日本特务头目名叫速水信一，因其妻名叫梨花，所以，公馆便以梨花命名。

速水信一，早在七七事变前，就在济南以基督教牧师身份做掩护进行间谍活动。七七事变后，速水信一成为日军在济南的特务，但仍以宗教各种职务身份进行伪装。是日特在宗教领域内活动的核心人物。

梨花公馆成立后，速水信一以宣传"中日亲善""大东亚新秩序"为噱头，在宗教团体中开展谍报特务活动，在教徒中发展间谍，掌握教会事务，拉拢、训练亲日教徒，并进行军事行动训练。受训人员期满后，发放结业证书并担负谍报特务工作。速水信一在济南期间发展了30多名特务，进行谍报信息搜集，催诈粮款，抓捕抗日志士，配合日军第4220部队开展"大扫荡"，无恶不作，妄图侵吞中华国土。

梨花公馆是一组里弄式建筑群，入口坐南朝北，大门是一西式门楼。建筑均为砖石结构，墙体下部为料石砌筑。总占地面积约700平方米。

梨花公馆大门，目测有七八米高。最上部是灰色墙体，有水渍浸透的痕迹，中间是红砖墙，下面是石砌墙体。在最上部两侧雕刻的梨花依然非常清晰突出，只是，右侧雕有梨花的墙角残缺了三分之一。梨花花朵也缺掉了，只有花径了。但历史却不会随着"梨花"的缺失而抹去。两侧门框上还残留着年代性的标语，右侧可辨"建设新世界"字样，左侧字已无法辨认。

路边高高的梧桐和槐树枝叶，绿莹莹地搭在了门口上方，一抹阴凉洒落门前。

此刻我在想，如此安静的老建筑却背负着那么沉重的历史，想起来几乎让人无法喘息。

准确地说，梨花公馆应该是在斜马路的东南面，因为这条路，与济南的经纬路相比，的确是斜的，是名副其实的斜马路。斜马路位于济南市市中区，是济南市中心城区东北西南方向的单行道路。斜马路，东北端自小纬二路起，西南端至经七路。虽然路不长，但键盘敲击"斜马路"三个字，立即就出现了"中国山东省济南市境内道路"的字样，看来斜马路名气还真不小。

斜马路过去曾经是有名的童装一条街，店铺密集，喧闹杂乱商业气息非常浓厚。梨花公馆作为日特谍窟就隐藏在店铺后面。

2017年，济南市进行违章建筑拆除和街区整修，挡在斜马路商铺后面的梨花公馆方露出真容。

走进幽深、狭长的梨花公馆里弄，石板铺的地面有些凹凸，像盐碱地一样灰白不均，墙根冒出的野菜小草等低矮植物，显示着这里的寂静。

沿着两个90度直角拐弯的过道往里走，依次看到了5个独立院落的门，门牌号分别为斜马路2、4、6、8、10号。但院门都紧闭着，有的锁着，有的没锁。木门很破旧，有的在门中间加了嵌入式新式圆形锁，老式门鼻在中间还无力地垂挂着。蓝绿色的油漆，大部分已脱落，木板裂开明显的缝隙，像冬天冻裂的土地，面目有点"狰狞"，又仿佛诉说着曾经的历史沧桑。

里弄门左侧，第一个门是2号，依次往里数，最里面是6号，然后从右侧回数分别是8号和10号。10号，即是里弄进门右侧第一个门。

敲了敲8号院的门，一位四十多岁的男士开了门。我们进到院里。这位男士说，他父母住在这里，今天是来看他们的。他的父母已经在这里住了几十年了。环顾四周，院子比较长，但不大，房子不少。小院北侧是正房，正房后面就是斜马路。南侧是厨房和卫生间，西侧还有两间房子。院里铺着黄红色相间的地板砖，已经很旧了。院里养着不少花花草草。东西方向一条钢丝上挂着晾晒的衣服，东侧一棵发财树，西侧一棵不知名的树，虽然不是多粗，但都枝繁叶茂的。窗户和门都已经换成现代的风格，安装有空调。怕打扰主人休息，我们没好意思进到房间里去看看。直观感觉，这里好像与普通的小院没多大区别。如果不了解那段历史，有谁能想到这里曾经住过日本特务呢。据记载，当年，速水信一就住在这个8号院里。

据悉，梨花公馆的建造者是德国人，而不是日本人。19世纪末，20世纪初，德国人建老济南火车站时，在这里给工人盖的宿舍。后来，日本人侵华，占领了这组老建筑。

随着中华民族坚持不懈地抗战，1945年，日本宣布无条件投降。速水信一自以为没有暴露身份，继续潜伏在济南进行谍报特务活动，最终被抓获，于1946年被遣返回日。

至此，梨花公馆的罪恶使命宣告结束。这组建筑也重新回归国人。相关部门将它收缴充公。后又作为单位宿舍分给职工，住户每月定期缴纳房租，至今如此。

梨花公馆，是一座被定格在历史年轮中的老建筑，记录着国人永远无法忘记的一段历史。作为日本侵华残害济南人民的罪证，梨花公馆与济南琵琶山万人坑遗址、侵华日军细菌部队济南旧址、济南新华院旧址、熊善隆烈士墓、中共平阴县委旧址等共同列为济南不可移动文物。

从梨花公馆出来，顺着斜马路继续漫步观看。除了东北端的济南市按摩医院、太平洋保险公司等几处二三层的建筑，最突出的就是路南的梨花公馆了。从此处再往西南方向，墙上是济南战役的历史简介。路北的墙上，依次展示着梨花公馆等八大公馆的简介。每一个公馆简介右侧，都有一幅雕刻的铜色军民抗战画。

日本侵华时期，在济南有8大特务机关，对外都是以"公馆"称呼。梨花公馆是其中之一。其他还有凤凰公馆、洙源公馆、鲁仁公馆、林祥公馆、梅花公馆、樱花公馆、鲁安公馆。

斜马路西南头南侧墙上，是这样记录对八大公馆简要概述的："1937年12月27日，济南沦陷，日本侵略者为了镇压中国人民的爱国抗日行动，推行殖民统治，将大批特务派往济南，先后成立了20多个特务组织，在日本济南驻军司令部参谋部的指挥下，进行收集政治、经济等各方面情报及破坏各爱国抗日组织的罪恶活动。为了掩人耳目，日本特务机构对外都以公馆面目出现。"其实各种名目的"公馆"都是日本特务们的巢穴。

这八大公馆当初隐藏在城区的各个角落，散落在济南的街巷中。这些雅致的称谓，遮挡着的是一个个阴森血腥的谍窟。

凤凰公馆原址位于济南市中区普利门街区西凤凰街40号，建于1910年前后。日伪时期，这座老建筑同样也被日军占用。1944年，隶属于济南宪兵队特高班，该组织专司情报收集和对抗日组织、人士的侦探、捕杀。2010年2月，随着普利门片区拆迁，凤凰公馆建筑构件被搬至山东建筑大学，后依照图纸和编号进行重建，并增设了老虎窗。重组后，被作为山东建筑文化博物馆使用。凤凰公馆是济南市第一座被迁移的历史老建筑。

还有洙源公馆，原址位于泉城路西端路南的齐鲁金店，建于1927

年，时为恒大银号。1930年，韩复榘主鲁时，在此开立"山东省平市官钱局"。1937年，改为日军特务机关，是日军华北特别警备队驻山东甲第1415部队武山队的代号。

另外，控制、操纵安庆帮活动的梅花公馆，搜查中共抗日情报的鲁仁公馆，对国民党军队进行策反诱降工作的林祥公馆，专司经济情报和战略物资搜集的樱花公馆、鲁安公馆，其实都有一个昭然若揭的目的……

日本投降后，这些"公馆"相继关门，绝大部分特务遣返回日本，个别"漏网"的，企图东山再起，济南解放后都受到了相应的制裁。

时间如剃头刀，老建筑不语，但历史不会磨灭。那段历史已经被深深地刺刻进它们的"身体"。我在想，如果这些老建筑有记忆、有情感的话，想起过去那段残酷的历史，也会心中战栗和流眼泪吧。

接近斜马路西南端，两三家小服装店铺正开着门营业中，随意往里瞧了瞧，里面也很安静。

西南端一个绿叶型的标识牌上标注着："斜马路，初貌原是一片荒地，1915年建成道路，据1924年《续修历城县志》附'济南商埠全界图'中标注有斜马路轮廓，1932年《济南市市区图》中标注为斜马路，沿用至今。"

这条路虽然只有几百米长，但路龄却有一百多年之久，它承载着百年风雨，承载着济南厚重的历史，是一条铭刻着特殊文化气息的路。

曾经被铁蹄践踏过的济南，如今风调雨顺、城和民安。

现在的斜马路，也一改昔日蓬头垢面、火锅般沸腾杂乱的场景，变得整洁宁静，安详平和。路两侧葳蕤的梧桐树，空中相互接手，直插云天。树下，整齐的冬青，密密匝匝蓬勃着绿意。墙根的淡竹，青青欲滴，棵棵生凉，随风摇曳，秀出婀娜的舞姿。两旁木质的人行道仿佛香园小径，掩映在绿植中。

尽管斜马路上的景色如此雅致清爽，尽管梨花公馆有一个美丽的名字，此时，却有一股沉重坠进我的心中。

（杜东平/文）

第三编

大观园街道

大观园街道介绍

　　大观园街道位于济南市市中区城区北部，以辖区内著名的百年老埠大观园命名，2001年，原经二路街道办事处撤销，并入大观园街道办事处。现大观园街道辖区总面积1.2平方公里，居民9200多户，人口约2.6万人。街道东起纬一路，西至小纬六路，南起经六路，北至经一路，下辖纬一路社区、经二路社区、万紫巷社区、睦和苑社区、纬五路社区五个社区。辖区街道呈棋盘分布，"六纵六横"12条泾渭分明的交通干道贯穿其中。

　　大观园辖区现存各类保护建筑33处（位于老商埠核心区内23处），其中国家级保护建筑9处、省级保护建筑7处、市级保护建筑8处、区级登记保护建筑8处，除1处为个人所有外，其余均为公房；列入2018年全市历史建筑普查名单36处。德华银行旧址、德国领事馆旧址等国家级文物9处和瑞蚨祥、亨得利眼镜等一批传统建筑24处分布其中。

　　大观园辖区经四路以北、纬二路以西被济南市规划部门定位为老商埠核心区。

　　1904年，济南开埠，这是中国近代史上第一个主动开埠的内陆城市，它与青岛、烟台被迫开埠不同，其行政管理、市政建设及司法都拥有独立主权。当时济南开埠开创近代中国内陆城市对外开放的先河。济南开埠后，众多洋行、商场纷纷在商埠扎堆，由于经营需要，众多融合中西方建筑风格的建筑在此聚首，当时的繁华不亚于上海和青岛。

　　随着商埠的发展，其文化功能也日益加强，济南的商业也逐渐呈现欣欣向荣的景象，涌现出许多著名的老字号商铺，成为老济南传统文化的重要组成。例如，经三纬二的小广寒电影院，是济南第一家电影院，已有百年历史；建于清末的北洋大戏院（后改称人民剧场），历来是名家荟萃之地；大观园、西市场等，既是商场，也是剧场、影院、茶社等文化娱乐场所云集之处；市工人文化宫、市图书馆、铁路工人文化宫等一批文化单位，也都位于商埠区内。可以说，商埠区承载了济南传统文化与社会活动的发展繁荣。

当前，辖区现存各级历史保护建筑和众多的风貌建筑，路网泾渭分明，步道法桐成荫，仍是济南独具魅力的城市区域和珍贵资源。但随着时代发展，旧城区普遍面临着改造需求和压力。时至今日，虽然历史格局大体犹在，但一些历史街区和街道已经濒临消失，商埠区面临着诸多问题，如文化与活力逐渐衰退，风貌特色趋于黯淡，历史建筑的保护与利用亟待加以引导。

（聂梅/文）

《大观园》　齐敬峰　绘

"洋洋大观"大观园

　　"天上人间诸景备，芳园应锡大观名。"在曹雪芹的《红楼梦》中，大观园是个景致绝佳、热闹美好的园子。开业至今已经90年的济南大观园的名字正是来源于《红楼梦》。大观园商场曾是说书唱戏、民间娱乐无所不有的"曲山艺海"之地，也是外地人到济南除了"三大名胜"之外的必打卡之地。历史上的大观园，曾经那般繁华昌盛，洋洋大观。

　　大观园商场的开业时间，距今已经过去了90年。

　　1931年9月26日，中秋节，济南大观园商场开业。史料记载，大观园商场的出资人为当时的山东都督靳云鹏的弟弟靳云鹗，他原本想仿照上海"大世界"的形式将这一带办成无所不包的娱乐之地。《红楼梦》中的大观园景色优美、人物风流，济南大观园的命名和开业日期显然图的是它名字的美好和中秋佳节的吉祥蕴意。《济南市大观园商场企业志》记载，大观园的原规划分南北两段。南段修建娱乐场所，北段建为商场。南段娱乐场修建4个大型影剧院，专供演出京剧、评剧等大型剧目和放映电影。另建几个小型书场和杂耍场，供曲艺说唱和江湖艺人打拳卖艺、摔跤杂耍等。在中心位置建造一座大花园，种植奇花异草，供人观赏。再从南段北面正门架设一座天桥直达花园上空，既可以赏花木，也可以俯瞰商场全貌。北段设计开拓两条大街，沿街修建商户铺房，开设饭店、酒馆及经营烟酒糖茶和果品糕点。

　　可见，从设计之初，诞生于济南开埠之后的大观园就是一处既能满足市民物质生活消费，也能满足老百姓精神生活的场所。

建成后的大观园一片是一排排商铺，百货琳琅满目，说书唱戏，摔跤杂耍，民间娱乐影响广泛，是济南商埠区富有特色和最具代表性的商业旺地。不仅白天人来人往，晚上也是灯火明亮，购买物品的讨价还价声、听相声的叫好声此起彼伏，热闹非凡。

根据《济南市大观园商场企业志》，大观园商场地处济南市经四路、经五路之间，东临纬二路，西接小纬二路，位置适中，交通便利，顾客熙熙攘攘。据解放初期统计，顾客日均流量为4万人次，尤其是节假日，场内顾客摩肩接踵，达十万人之多。

商场占地约3.3万平方米，历史上的经营特点是小门头、小饭店、小戏院、小摊小贩，大街小巷星罗棋布，以经营饮食名吃、小商品兼娱乐而著称。1942年，天丰园狗不理包子来到大观园，济南老百姓在家门口可以吃上正宗的天津包子。很快，赵家干饭铺、半里香旋饼铺、北京馆、大观楼等纷纷开业，不大的商业区之内飘荡着各色美食的香气。生意最兴隆时，大观园有店铺约200家、摊贩200多个，涉及20多个不同行业，包括绸缎、钟表、眼镜、干鲜果品、古玩等。1953年之前，经营日用小商品多达16000个品种，除了日用百货、土产家具、照相理发、副食调料等，还兼有影剧曲艺场所。

晨光茶社是大观园最重要的曲艺场所之一，它是著名相声大师孙少林与恩师李寿增联合、于1943年创办的一处专门用来从事曲艺、相声表演的场所。茶社坐落在大观园商场东门内，是济南相声兴盛的标志。晨光茶社曾与北京的启明茶社并称为"北启南晨"，济南也被誉为全国曲艺三大码头之一。著名表演艺术家马三立、骆玉笙、刘宝瑞、孙少林等都曾在这里登台献艺。每逢有名家在大观园表演，晨光茶社都人山人海，叫好声不断。

大观园成立后的很长一段时间内，一直是济南老百姓首选的购物和娱乐场所之一，曾有"外客来济南，必到大观园""要想吃喝玩，就到大观园"之说。后来因为纷争战乱、通货膨胀等原因，大观园逐渐凋零冷落，到了1948年济南解放前夕，这里已经毫无昔日的繁盛之景。

新中国成立前后，大观园经过一段时间的萧条，逐渐恢复生机。

济南报业档案影像馆收藏了一些拍摄于20世纪50年代的大观园老照片。从其中一张拍摄于1958年的照片中可以看出，那时的大观园是一片平房，这些平房均用作商铺。从照片的一角中可以看到，这似乎是一家售卖服装或布匹的商店，不少顾客正在选购商品。另一张拍摄于1959年的照片中可以清晰看到曾经的大观园地标性的牌坊——上面写着"大观园商场"五个字，两侧依然是整齐的街道和商铺。这一时期的大观园已经有了很多员工，还有一张照片拍摄的是员工们正在做广播体操。

出生于20世纪50年代的老济南人对大观园商场有着十分浓厚的感情，如今大观园古玩文化城琴行的负责人孙志建是其中的一位。孙志建自幼在这一片区长大，青少年时期最主要的娱乐场所就是大观园，可谓见证了大观园数十年的兴衰。据他回忆，进了大观园，吃、喝、玩、乐以及购物全都能在这处不大的商业综合体实现。"人到了大观园可以玩上一天没有重样的。"孙志建说，还有包括"狗不理"，以及济南最大的清真菜馆"马家馆"在内的美食，卖艺的，摔跤的，唱戏的……说让人流连忘返一点也不夸张。

令孙志建印象最深刻的莫过于摔跤，他六七岁的时候经常跟着父亲来大观园看摔跤。据他回忆，摔跤比赛非常有趣，适合观赏。摔跤队员先走圈表演，目的是"打开场子"。几圈之后开始正式表演，还有人"讲跤"，围观群众的目光全都被摔跤队员紧紧吸引。那时候著名的"济南跤王"佟顺禄经常在大观园表演，他的儿子佟志海在20世纪60年代就获得过全国青年摔跤比赛冠军，因此佟氏父子的场子非常受欢迎。一场摔跤比赛结束后，会有人拿着盆子在围观群众前走一圈，观众纷纷往盆子中扔钱。孙志建说，这是如今在电影中才能看到的热闹场景。

这一时期的大观园面貌焕然一新，重新拥有了极大的社会影响力。20世纪90年代前后，大观园成为济南商界的"五朵金花"之首。

济南商界的"五朵金花"，包括地处老商埠的济南市第一百货商店、泉城路上的济南百货大楼、林祥桥西的济南人民商场、英雄山脚下的山东华联商厦以及曲山艺海包围着的济南大观园商场。这五家商场的市场份额曾经占到济南市全部零售市场份额的95%以上，大观园更是其中翘楚。

现任济南欧亚大观园有限公司综合办公室主任的马念滨于1978年来到大观园商场工作，起初在食物商店卖茶叶和酒的柜台做营业员。"那个时候的大观园生意非常火爆，我的工资和奖金加起来，在全市各行业中都属于比较高的。"时隔31年，马念滨回忆起1990年3月20日大观园老营业楼开业时的场景，仍然历历在目。他说，开业那一天的顾客可以用"爆棚"来形容，大批顾客蜂拥而至，把营业室的门和柜台都挤坏了。为了应对如此的情形，当时的商场经理只能把所有机关的工作人员都组织下来维持现场秩序，甚至强行拦在门口限制客流，不再让顾客进入。

"因为顾客实在太多，当天的营业时间也缩短了，商场提前关门。"马念滨说，开业第一天的销售额突破了40万，顶峰时期老营业楼的营业额一天高达60多万。后来全年销售额更是过亿元，创利润一千多万，这在当时是非常之高的数据，可谓济南商业史上浓墨重彩的一笔。

20世纪90年代中期，大观园员工最多的时候达到2800人，营业大楼和12个专业商店加起来面积2.4万平方米。当时大观园还有自己的车队，20多辆车往商场里拉货。

进入新世纪以后，受市场竞争日趋激烈等因素的影响，大观园经营一度低迷，也曾经过一系列改革之后呈现出新的生机。如今，人们回忆起大观园的盛景恍若隔世，感谢这么一座地标式建筑，勾连古今，提醒着我们记住那段鲜活的历史。

（徐敏，聂梅/文）

走近百年老字号"瑞蚨祥"

今天，当我们漫步在济南经二路上，在纬三路和纬四路之间的路北，能看到一座中西合璧的百年老建筑，它就是瑞蚨祥绸布店，也就是原来的瑞蚨祥鸿记。这是济南第一座钢结构建筑。我们可以看到，瑞蚨祥的沿街铺面左右突出两个小间，顶上各修一小方亭，格外醒目。在不同年代的经二路老照片中，两个小方亭总能让人一眼就认出瑞蚨祥。

路过这里，不少老济南人还是会忍不住再次走进瑞蚨祥，感受瑞蚨祥曾经的辉煌。往事虽然已经在时光深处，但幸运的是，如今我们依然能走进商埠区，走进这幢特色鲜明的老字号商业建筑，感受岁月的沧桑和温度。

这是一座三层楼中西合璧式建筑，楼的正面左右是两座对称的四层塔楼，最高一层是中国传统的四角攒尖亭的亭子，门口大大的"瑞蚨祥绸布店"招牌下，还挂着"济南老字号""山东老字号""2017年泉城最美建筑"等众多标识牌，共同述说着瑞蚨祥深含其中的历史价值。

走进店中，老式柜台上摆放着多种绸缎，店正中隔出一个小间，大笔红字"收款处"极富年代感，算盘换成了计算器，铝合金的栅栏窗搭配着八边形木窗，时光在这里交错。收款处旁是旋转楼梯，在楼梯上可以直望瑞蚨祥保留至今的透明天棚，这个类似天井的存在曾是多地瑞蚨祥建筑的一种特色风格，让店内的采光更加柔和，也拉深了空间感。

"这座百年老建筑冬暖夏凉，大青砖垒的墙，有大约70厘米厚，而且非常坚固，还是济南市第一座钢结构建筑。"现任副总经理兼财务总监东厚强，已经在这里工作了近20年，他指着天棚介绍说，虽然瑞蚨祥主要是砖木结构，但是顶部却用了钢结构。"当时德国人在修黄河铁路大桥的时候，剩下了不少钢材，孟雒川买了来，用来加固房顶，现在我们在二楼就能看到，那个天井的斜撑，还有房梁，都是用的钢材，所以经过多少年，房子都没怎么变形。这座建筑坚持到现在，仍然很坚固。"

东厚强说，这座建筑是1924年落成使用的，当时它起的名称叫"瑞蚨祥鸿记"，"据说孟雒川参与了这座房子的设计"。

说起瑞蚨祥，就一定要说到章丘旧军孟家和孟雒川。章丘旧军孟家是一个商业大家族，明代就开始经商，经营范围广泛。孟家以"祥"字号为标注，近代以来，各"祥"字号中，"瑞蚨祥"发展最快。按照瑞蚨祥绸布店总经理索元全的说法，"瑞蚨祥"是1862年由章丘旧军孟氏家族创立的，它的创始人叫孟传珊。萨苏的《解读瑞蚨祥儒商密码》一书中，介绍了关于"瑞蚨祥"名称的由来："相传当年瑞蚨祥的创始人主要是引用了'青蚨还钱'这一典故……古书《淮南记》中记载了能让钱还回来的法术，称之为'青蚨'。瑞蚨祥采用这个店名，其含义不言自明，便指的是希望店中的财物生生不息，不断增加。"

如今离任总经理的索元全，原本在济南市时装总公司工作，1991年11月，调入瑞蚨祥绸布店，从业务经理到主管经理再到总经理，干了30年的他，对瑞蚨祥的历史了然于心。他介绍说："当时瑞蚨祥是在院西大街，就是现在的泉城路，盖贵和的时候把原来的房子拆除了。主要是经营棉布。到了1868年，也就是瑞蚨祥的少东家孟雒川18岁的时候，接管了瑞蚨祥的店务。孟雒川天资聪慧，喜欢经营。在他的管理、经营之下，瑞蚨祥发展很快，积累了很多的资金。从那以后他就在全国各地的大城市，比如北京、天津、烟台、上海、武汉、青岛等地设立了分号十数家。全国各地的这些瑞蚨祥，也是以经营丝绸、棉布为主，它的丝绸，都是在苏州、杭州设庄，安排专人收购蚕丝，自己制作好了以后由济南总店和全国的分号再去销售。棉布呢，当年也有自己的织布厂，在章丘旧军孟雒川老家有织布厂，织土布。在济南也有织布厂，还有印染厂，自己染布，自己制作。"到1930年鼎盛时期，瑞蚨祥在全国各地拥有店铺16家，所占房屋3316间，成为中国近代史上南北闻名的巨商富贾。

据牛国栋先生《济水之南》一书所述：瑞蚨祥的崛起绝非偶然。从创业至鼎盛时期，瑞蚨祥从不做广告，而是靠商品的齐全、货真价实以及优良的服务赢得顾客。当时济南民间有这样的说法："瑞蚨祥三件宝，人情、实力、脸子好。"在服务上，瑞蚨祥的前柜台设有"瞭高的"，即安排一些年纪较大的资深店员坐在两排长椅上，一遇客人进来就主动迎上前去，不问客人买什么，而是问安，敬烟茶，陪同客人参观。天热时在二楼还备有冰镇的西瓜和汽水，请客人消暑。即使乡里人来买娶媳嫁女用的面料，耽搁久了，到了饭点，店里也略备酒菜招待。你就是进门转了半天什么都不买，也绝不会遭到白眼。瑞蚨祥的店规达二十七条之多。其中第二十条规定："同仁必须注意仪表，无论冬夏，一律穿长服，不得吃葱蒜，不得在顾客面前扇扇子，不得把回找零钱直接交到买主手里（须放在柜台上），并应尽量避免粗词俗语，不得耻笑顾客。"

在索元全看来，瑞蚨祥的连锁经营模式及其所创建的股份制雏形，显然是它叱咤商界的重要原因。索元全说，20世纪50年代，公私合营，瑞蚨祥被收归国有，原来的经营模式不复存在。1983年，瑞蚨祥归属于济南市时装总公司，"后经资产重组，又曾分别归属于济南百货大楼和济南天业恒基股份有限公司，2018年又归属济南高新发展股份有限公司"。

索元全记得，他刚到瑞蚨祥的时候，店里的经营还全部按计划由所属公司掌控，从大约1993年开始转为自负盈亏，"刚开始完全转入市场的时候，店里经营出现下滑，一是那时候卖面料的个体户变多了，二是很多年轻人开始买成衣穿，服装行业的发展对面料销售也产生了不小的冲击"。

索元全介绍说，"下滑"最厉害是在1994年和1995年，那几年由于服装行业的发展对纺织行业冲击很大。"好多纺织厂就没了，好多商场里卖纺织品的也都被清除了，不卖了。大的商场里头原来都有纺织品柜台。现在唯一经营面料的专业店，就是瑞蚨祥独此一家了"。

不过经历了1994年和1995年的经营"谷底"，瑞蚨祥绸布店的经营情况又开始缓慢回升。索元全说，瑞蚨祥主要还是以经营面料和服装为主，还有床上用品，随着市场变化，人们需求的变化，也增加了一些新品种。

令索元全、东厚强欣慰的是，如今瑞蚨祥不仅有不少老顾客、回头客，而且买面料做衣服的年轻人也越来越多，"不少人结婚时想穿旗袍，就会到瑞蚨祥这样的老字号来买面料做旗袍"。

（钱欢青，聂梅/文）

《瑞蚨祥老字号绸布店》　张婧捷　绘

老字号　老建筑　老济南

　　大观园辖区现存各类保护建筑及风貌建筑集中了极为丰富的近代建筑类型，西式、中式或中西合璧的优秀近代建筑交相辉映、屹立百年，成为东西方文化交流、时代与传统交融的典范。

　　交通银行济南分行旧址位于济南市市中区经二路146号，始建于1925年，由我国著名建筑师庄俊设计。这座欧式风格的建筑共有四层，地上三层，地下一层。平面呈矩形，横向分为三段，东西两翼为三层，石墙基，红色清水砖墙，敞开式前廊，六根混水仿石作法爱奥尼克柱式，对比强烈，主次分明。北立面装饰考究，其余三面较为简单。建筑风格基本上为早期美国仿希腊古典复兴形式。日伪时期该银行改为中国联合准备银行，抗日战争胜利以后又先后改为交通银行、中央银行、北海银行。2006年12月7日，被山东省人民政府公布为省级文物保护单位。2013年，被国务院公布为第七批全国重点文物保护单位。

　　德国领事馆旧址位于济南市市中区经二路原济南市政府院内，建于1901年，由东、西两楼组成。东楼为办公兼宿舍用，建筑组合为开口向北的"凹"字形，双坡红瓦顶，两层加屋顶阁楼层，立面三段式，对称布局。西楼为领事办公室与府邸，两层带阁楼，有地下室，采用自由式布局。建筑做工精细，装饰古朴典雅，现保存基本完整，为典型的日耳曼别墅式建筑。该建筑是近代帝国主义列强侵华的历史见证。2006年12月7日，被山东省人民政府公布为省级文物保护单位。2013年，被国务院公布为第七批全国重点文物保护单位。

德华银行旧址，位于济南市市中区经二纬一路西口，建于1901年，其西对面为德国驻济南领事馆办公楼。该建筑原为胶济铁路总工程师别墅，1904年，济南开埠后，各国银行纷纷在商埠区设立分行，其中德华银行为第一家外商银行。1906年，该建筑改为德华银行办公楼，并在这里开行经营。第一次世界大战期间，中国政府也对德国宣战，德华银行被接管。1922年，中国银行山东分行迁入。中华人民共和国成立后，该楼相继作为济南市人民银行和济南市工商银行的办公用房。今为中国人民银行济南分行营业管理部，以及中华人民共和国国家金库济南市中心支库。该建筑主体二层，局部三层，二层以上作为坡度陡峻高大的屋顶阁楼层，其中一层为全石砌筑。由于地处道路交叉口，因而在西南角（即经二纬二路的转弯处）设有八边形的塔楼，以适应地段形状和不同方向观赏的视觉要求。主屋面顶部的小望楼和八角形塔楼均为双层变折式屋顶，其高低、大小、位置有所差异，从而形成了丰富多彩的建筑竖向形象。主入口为南向，二层处设圆券式外柱廊，两山墙间的廊子稍为后退，以穿过阁楼层的八边形攒尖望楼作为整个建筑的构图中心。作为金融建筑，德华银行较为注重选材和建造，建筑质量很高。2006年12月，被列入山东省文物保护单位。2013年，被国务院公布为第七批全国重点文物保护单位。

经三路77号德式别墅，位于济南市市中区经三路77号院内，该建筑建于1919年，是当时山东省邮务管理大厦的办公住宅附属建筑之一，俗称"小红楼"，为总邮务长英国人海兰的住宅官邸。该建筑曾多次易主，居住过不同时期的达官显贵。新中国成立后，邮务管理大厦和"小红楼"迎来了新的历史。曾为山东省总工会办公用房，1958年，归还济南市邮政局。现由山东网通总部使用。2006年7月，山东网通本着文物"以旧修旧"的原则，对该建筑进行了大修，并改建为企业文化馆，2006年12月8日，市中区文化局予以登记保护，登记名称为"德式建筑"，本次普查更名为"经三路77号德式建筑"。2013年，被国务院公布为第七批全国重点文物保护单位。

《百年德华楼》 片兆勇 绘

　　山东民生银行旧址位于经二路168号，建于1932年。该建筑坐南朝北，原使用单位"山东民生银行"（1932—1939年）、济南日本领事馆驻地（1938年）、日本横滨正金银行（1939—1945年）、山东省银行（1945年）。1939年9月，该行又称为日商埠横滨银行济南出张所。抗战胜利后，被中国银行接管。据说该处还曾做过北四行之一的大陆银行（北四行：大陆、中南、盐业、金城银行）的用房。20世纪50年代，为中苏友好协会会址，先后又有济南市文联，济南市亚、非、拉友好协会等各家单位在此办公。1971年后，一直为济南市文化局用房。2013年，被国务院公布为第七批全国重点文物保护单位。

　　德国诊所旧址，位于济南市市中区经三路46号（路南），建于20世纪初期，据调查原来是德国人在20世纪初期所建的一个小诊疗所，原有形式相同的两栋建筑并列在一起，今只存一栋。该建筑坐南面北，平面为南北略长的矩形，由主入口进北门是一条南北走向的内走道，由北门略有曲折后直通南便门。在建筑的东南角设有卫生间和东便门，木楼梯位于建筑的西侧。木楼板，木地板，木门窗贴脸包边。高石墙基，砖墙面，红瓦坡屋面。建筑体量不大，但形式独特，主入口的一左一右是两个六边形的三层阁楼，高出建筑的二层主体。阁楼顶部是一个六边形的红瓦盔顶，在纬二路上自北向南看去，与阁楼墙上的两个圆形窗洞夹着一个长圆券形的窗子，俨然两个戴着草帽的雪人，构成一幅生动活泼的拟人建筑形象。2004年11月15日，旧址被市中区文化局登记保护；2013年，被国务院公布为第七批全国重点文物保护单位。

　　原上海商业储蓄银行济南分行，位于市中区经二路158号，建于1919年。1952年，该行撤销，业务并入济南市人民银行。后曾成为济南市工商银行华侨服务部（1989年左右）。建筑坐南面北，两层，平屋顶。一层层高较高，是营业厅；二层层高略低，为办公用房。建筑立面处理简洁明快，均为现代建筑的手法。立面以横向线条为主。自上向下，女儿墙的上沿作一通长的直线线脚，与主入口相对应的正中部位的三个开间，突起成为一圆曲线。一层和二层的窗上也皆作一通长的直线线脚，唯二层正中部位断开三个开间。一层的下长上方两个层次的窗洞与二层的单个长形窗洞区别开来。主入口上方挑出一条通长约18米的雨罩，格外明显。该建筑在当时商埠区西洋古典建筑风格和中西交融建筑形式占主导的情况下独树一帜。与相邻的德华银行、德国领事馆等西洋古典建筑相比，该建筑简洁明快的现代建筑风格尤其突出，是济南商埠区保留最好的一个老摩登建筑的代表。可惜近年来业主将建筑的外观重新装修，不伦不类，没有保持原有的风格特点，面目全非。2013年，该处被国务院公布为第七批全国重点文物保护单位。

津浦铁道公司旧址，位于济南市市中区经一路2号、纬一路最北头的路西，坐西面东，始建于1904年，1909年建成，是一座外观三层、砖石结构的办公楼。该建筑体量庞大，基本为矩形平面，南北长约40米，东西深约15—18米，木结构的石墙体，大瓦坡屋顶上有老虎窗和天窗，木地板，木楼梯，走廊为缸砖铺面，中间部分有两部用条石砌筑的楼梯；中间高大而厚重，两头低矮而稍做内收，建筑造型的主从关系十分明显。在细部仍沿用德国古典建筑惯用的镶嵌粗糙毛石为装饰的手法，是简化了的日耳曼青年派建筑风格。

20世纪20年代，津浦铁路与胶济铁路的车站合二为一后，这里就成为津浦铁道公司的招待所。1937年12月27日，日军侵占济南，该建筑成为日本特务机关驻地，特务机关长是中野陆军少将。1945年，抗战胜利后，成为国民党的警备司令部。新中国成立后，曾先后作为山东宾馆和原济南军区第五和第四招待所、中国人民保险公司济南分公司天桥区办事处等，今为原济南军区用房。2003年11月26日，该处被市中区文化局予以登记保护；2013年10月，被省政府公布为第四批文物保护单位。

原胶济铁路德国高级职员公寓位于济南市纬二路19号。该建筑建于1915—1920年，原供山东铁道公司内的高级职员使用，由一幢南楼、一幢西楼、两幢北楼和一幢平房组成。住宅楼为两层，双坡屋面，悬山屋顶。建筑的南墙面和东、西两端的几个山墙头是建筑形体装饰的主要部位。每个山墙的形式不同，但要素相同，主要由烟囱、风板、仿半木构架和门窗

《庚子初雪·张采丞故居》　杨枫　绘

洞口组成。在墙面上、烟囱上用无规律突出的毛石点缀，是济南大多数日耳曼风格建筑中惯用的墙面装饰做法。是济南最早出现的西洋近代住宅组群布局形式的先例，为济南近代住宅建筑的变化和丰富树立了新的样板，有十分重要的历史价值。2004年11月15日，市中区文化局予以登记保护。2015年6月，该处被省政府公布为第五批文物保护单位。

济南东莱银行旧址（民国，经三路89号）东莱银行由山东掖县（现在的莱州市）人刘子山1918年在青岛创办，后来在济南设立分行。这座位于经三纬三路口、现在为一个派出所的建筑只知道原是一座私营洋行，新中国成立后其产权属山东省工商银行。1989年，在其后院基建时挖出了"东莱银行"的石匾额，但是从史料上查证，"东莱银行"应该位于经二纬六路。那么这块石匾额为何流落到这个院子里、这座洋行与"东莱银行"有着什么样的关系，只能成为一个谜了。2013年12月，旧址被济南市人民政府公布为第四批文物保护单位。

原高岛屋济南出张店位于济南市市中区经二路276号，经二纬五路十字路口东南角。它建于1941年，是由在日本京都的高岛屋株式会社投资营建，日本丰田纺织事务所设计承建。墙面上众多高低错落的竖向墙垛是这幢建筑外观的主要特征，在以西洋古典风格和中西复杂交融手法占主流的商埠建筑群中，高岛屋以简洁的体型、明快的色调和富有音乐感的建筑轮廓线，给人留下深刻的印象。当时主要经营各种日用百货，设有家具装饰部，并且还设有对外餐厅和茶室，是当时济南著名的日本人经营的商行。2013年12月，该处被济南市人民政府公布为第四批文物保护单位。

此外，大观园街道至今仍有许多老字号，既深藏着一代代济南人的记忆，更是济南文化传承的载体。

位于济南市经二路260号的原隆祥布店西记，建造年代在1935年以后。新中国成立后，该建筑曾做过委托商行，20世纪80年代，成为济南市土产杂品公司的营业部，今为济南炊事机械器材公司。坐南面北，三层，面阔五间，里面为天井。建筑坐南面北二进，前店后院。北侧沿经二路为营业厅，南侧为一个两层的三合楼，院内有两部楼梯。院的西面底层设门洞与西邻的街巷相通，是货物的入口。营业厅两层，临街局部为三层，正中为通高的共享中厅，环以柱廊。日光自顶部射入，光线充足。周围皆为营业面积，铺以进口花缸砖。东侧设一双折楼梯可到二层的精品屋，木楼板。三层为办公用房。临经二路的前门脸（北立面）为五开间，中间的三开间向南凹进去约3米，通长的仿欧式薄壁柱，直抵檐下，尤其是连接东西两端的木质挂落，雕工精细，京味十足。东西各一开间造型简洁，以栏杆式的女儿墙作为檐口，形成了临街门脸简与繁、虚与实的对比。隆祥布店西记保存完整，是济南市经二路上仅次于瑞蚨祥的商业建筑，也是济南京帮建筑的另一代表。2003年11月26日，市中区文化局予以登记保护。

位于济南市经二纬三路通惠街1号的北洋大戏院，始建于1905年，是济南市最早的戏剧演出场所，初称"兴华茶园"，1923年改建后，先后被称为"商乐舞台""聚华戏院"，1934年，改称"北洋大戏院"，1951年，又改为"实验剧场"，1954年，进行重建并改称"人民剧场"。该建筑坐西北面东南，两层，大门及东立面嵌有小型廊柱装饰，小屋顶，顶覆绿琉璃瓦，具有20世纪50年代新中国成立初期公共文化设施建筑风格。1992年，恢复"北洋大戏院"名称。为进一步发挥北洋大戏院在海内外戏剧演出场所中的品牌作用，济南市将其列为文化事业发展重点工程之一，除保留了其外观建筑风格外，对戏院内部进行了全方位改造。2007年3月19日，该处被济南市人民政府公布为第三批市级文物保护单位。

位于济南市市中区经一路92号的山东宾馆，开建于1950年，1953年竣工。该建筑具有典型的20世纪50年代建筑的特征：大屋顶、红砖墙、大体量、大空间。整座建筑面向经一纬三路口，亭式攒尖大屋顶，大屋顶两侧是栏杆式女儿墙，与屋顶上下呼应的是一楼飞檐式大门。大楼正面墙体上彩绘着变形中国结和传统的回形纹。无论是整体还是局部，整座建筑都散发着浓郁的传统文化气息。其建筑风格鲜明，而且建筑质量上乘。建成之初，山东宾馆是山东全省接待档次最高的宾馆之一，以接待中央、省部级

《老戏今唱——北洋大戏院》　何邦辉　绘

领导以及外国专家、海外华侨为主。1958年，国际旅行社济南分社、济南华侨服务社同时在山东宾馆挂牌。1963年后，山东宾馆主要接待省内外的地区及县级干部。2003年11月26日，该处被市中区文化局予以登记保护。

亨得利钟表店，济南著名的老字号之一，位于济南市市中区经二纬四路东北角，整个门面朝向西南方，分三层，为近代建筑。每层大约9间。是古城济南的著名老字号之一。现经营状况不佳，已不复当年光景。

原皇宫照相馆位于济南市市中区经三路108号，应建于20世纪初，为一栋二层楼房。该建筑的最初产权人为车百闻，1932年，历城县人张鸿文将其房屋租下，开设了皇宫照相馆。当时，楼顶覆以金黄色琉璃瓦，内外粉饰一新，大门两侧各有一根半圆浮雕龙柱，两根龙柱上均雕有"皇宫照相馆"几个大字，每个字都用小彩灯围绕。整修后的楼房古色古香，很有气派，颇似一座华丽的小皇宫。其店堂设施和照相技术，在当时的济南首屈一指，生意兴隆。在日本侵华时期，1942年，皇宫照相馆难以为继，无奈关闭。同年4月，白树元、王誉重租用了其全部设备，取名"皇宫昌记照相馆"重新开业。1946年10月，两人将车家房产买下。皇宫照相馆于1956年实行了公私合营。1959年，用另一处铺面换取了隔壁的二层楼房，即现在皇宫照相馆的东半部分，成了六开间的门面。1966年，皇宫照相馆结束了公私合营，成了国有企业。皇宫照相馆始终门庭若市，一直持续到"文革"初期。在济南解放后到"文革"初期的十几年中，皇宫照相馆以先进的设备和高超的技艺享誉省内外。曾多次与上海、北京等地的大照相馆进行技术交流，独家举办过两届影展。皇宫照相馆拥有一流的摄影师，他们的摄影作品曾在全市、全省乃至全国的影展中多次获奖。"文革"初期，皇宫照相馆改名为"红艺照相馆"，门面样式也被视为"封建糟粕"而进行了"破旧立新"。当时，全省只有济南的皇宫照相馆和青岛的天真照相馆被授权洗印"领袖像"，其他照相馆均不得擅自洗印。1987年，皇宫照相馆恢复了原名，后又经过整修，恢复了原来那种古色古香的容貌，同时还增设了照相器材、彩色摄影、相机修理等服务项目。2003年11月26日，该处被市中区文化局予以登记保护。

位于济南经二路纬四路口的济南泰康食物公司，始建于1914年，初名泰康罐头食品公司，是"中华老字号"食品店。泰康采取前店后场的经营方式，自产各类中西式糕点、罐头、熟食卤味等；尤以奶油花式蛋糕、油茶、月饼和五香熏鱼最负盛名，远销京津沪等地，曾是济南商界的金字招牌。

位于大观园附近的聚丰德饭店，1947年由数十家股东集资创办。其名是从三个大饭庄的名字中各取一字组合而成，即济南聚宾园的"聚"字、泰丰楼的"丰"字、全聚德的"德"字，旨在尽取各家烹饪之所长，如聚宾园的"爆"，泰丰楼的"烧"，全聚德的"烤"，聚丰德汇集了三家独特风味于一厨。

天丰园狗不理包子铺，据济南出版社《济南老字号》一书记载，1943年，商人魏子衡在济南当时最繁华的地带大观园开设了一家饭店，名叫天丰园，专营"狗不理包子"。他从天津聘请了以李志文为首的十名厨师，制作包子的方法和天津狗不理是一脉相承，选料、配料、制作方法都和天津"狗不理"包子相同。"狗不理"落户天丰园后，名声很快打响。

油旋是济南地道的特色小吃。在"山东省第二批非物质文化遗产名录"中，济南的传统小吃"油旋"更是榜上有名。老济南人早上起来，两只可爱的油旋加上一碗甜沫，最是舒坦踏实，妙不可言。以位于市中区经四纬三路口的"油旋张"最为著名，现场制作，现做现卖，全天营业。卖油旋的小店不大，上头牌匾来头可不小，这是季羡林老先生机缘之下吃了张师傅的油旋，随后亲笔题字"软酥香油旋张"。自打这之后，季先生的弟子和儿子多次来买油旋，带给身在北京的季先生这家乡的味道。

（聂梅/文）

和睦京剧团：弘扬国粹　唱响新时代

2021年6月30日上午9点，在济南市市中区三里庄东街的一座三层小楼里，圆润饱满的京二胡声伴着深情优美的唱腔，一曲京歌《七律·长征》被精彩演绎。这是市中区大观园街道睦和苑社区和睦京剧团为庆祝建党100周年精心排练的节目。

室外的高温挡不住人们排练的热情，不断有团员赶来，加入练习。临近10点，集合完毕，团员们步行赶到位于经二路的济南工人文化宫职工剧院，进行演出前的最后一次彩排。7月1日，大观园街道"庆祝中国共产党成立100周年主题活动"在这座有着近80年历史的老建筑中举行，压轴表演正是和睦京剧团的京歌演出《七律·长征》《菩萨蛮·黄鹤楼》。

"红军不怕远征难，万水千山只等闲。五岭逶迤腾细浪，乌蒙磅礴走泥丸……""茫茫九派流中国，沉沉一线穿南北。……把酒酹滔滔，心潮逐浪高！"壮阔豪迈、气势恢宏的诗词，与国粹京剧结合在一起，在专业精湛的表演下，撼人心魄，振奋人心。

在彩排现场，尽管已经练习了多次，京剧团的团员们仍不断完善着每个细节，精益求精。"这个节目我们从去年就开始排练了，今年演出了多次，但每一次，我们都希望能表现得更好。"75岁的京剧团顾问张承伟笑着说。在一个多小时的排练中，她不断在台上台下转换，从站位到唱腔，从琴声节奏到报幕解说，一点点指导着队员们。

退休前，张承伟在济南市老年人大学负责戏曲教学和管理工作，2017

年，在和睦京剧团团长慕凯莺的邀请下参加到京剧团，并成为这支队伍的"专业指导员"。

"张老师的到来让我们京剧团有了专业水准，带领我们获得了很多奖项。"77岁的慕凯莺爽朗的话语里充满了自豪。她介绍说，京剧团成立之初是几个热爱京剧的老年人从济南市老年人大学京剧课堂学习后，聚在一起进行课后练习，但是因为没有固定场地，很受困扰。2016年，睦和苑社区建立文体活动室，并将周五下午和周六上午固定为京剧团练习时间。

有了场地和时间的保障，加上临近济南市老年人大学，和睦京剧团的队伍不断壮大，专业水准也越来越高。"我们的主教老师是省京剧院国家一级演员范灵霞、陈俊德先生，还有张老师长期进行艺术指导。现在团里有30多人，生旦净末丑，各种角都有，而且精英荟萃，好多都是市老年人大学戏曲班的班长。"慕凯莺介绍说，现在，京剧团表演90分钟的戏曲节目，"完全没问题"。

采访中，和睦京剧团团员开朗乐观的性格让人感受颇深，尽管大家来自不同行业不同社区，但团员间其乐融融，团结友爱，恰如和睦的一家亲。68岁的江淑媛是一名老旦演员，她曾是济南市人民陪审员之一，还担任魏家庄街道馆驿街新区管委会主任，尽管日常琐事繁多，她始终坚持抽时间参加京剧团的练习和演出。"我们热爱京剧，京剧不仅让大家感受到了传统艺术的魅力，也让我们的生活充满了幸福和乐趣。"她说。

凭着热爱与坚持，5年来，这支平均年龄在65岁的队伍，不仅排练演出了《对花枪》《大红袍》《贵妃醉酒》《二度梅》等京剧传统剧目和《红灯记》《沙家浜》《智取威虎山》《奇袭白虎团》等现代京剧，还不断创新，以京剧的形式演绎毛主席诗词《七律·长征》《菩萨蛮·黄鹤楼》等，走进校园、社区、剧场、养老院，传承国粹经典，弘扬传统文化。

"今年我们去济南市的养老院，开展了3次公益演出；6月29日，我们参加了济南市老年人大学的演出，表演了6个节目；6月30日，除了大观园街道的文艺会演，我们还在历下区东关街道演出。"张承伟说，京剧团还参加"'我们的芳华'中老年梦想秀"并进入决赛，连续多年参加济南市的"百姓大舞台"展演，在全市进行多场惠民演出，"7月14日，我们就将在山东省会大剧院参加演出，表演《大红袍》"。

和睦京剧团还成为睦和苑社区提升为民服务能力的重要力量。5月21日，睦和苑社区举办"红色菜肴忆革命"党史学习教育互动体验式活动，邀请到辖区内老党员代表及"双报到"单位党员代表、项目志愿者等参加此次活动。为参会人员准备"忆苦思甜"红色经典菜肴的同时，还由京剧团带来京歌《七律·长征》的表演，让大家用心体会老一辈共产党员艰苦奋斗的精神，在全身心的体验中，推动社区的党史学习教育走深走实。

"参加和睦京剧团的都是热爱京剧的退休中老年人，他们积极主动、热情高涨地参加社区的各类活动，不仅锻炼了身体，更给社会和社区广大群众带来和谐与欢乐。"睦和苑社区综合党委书记、居委会主任左翎介绍说，多年来，和睦京剧团每逢重大节日都积极开展文艺表演，多次走进辖区学校，不仅广受中老年文艺爱好者的好评，更推动了优秀传统文化在青少年中的认知和传承。

"作为基层群众性自治组织，社区居委会需要将业务工作和文体活动结合起来，通过开展各项活动提高社区凝聚力，提升居民的获得感和幸福感。得益于和睦京剧团等文艺团体的支持，为我们整合各类资源，创新开展社区活动，提高为居民服务的能力提供了载体。"左翎说。

（聂梅/文）

"街巷工匠"李长才：
真心服务邻里　书写泉城"美篇"

在济南市市中区大观园街道经二路社区，常年活跃着一支近百位老年人组成的"挎包服务队"，其中的大多数是中共党员。他们身挎统一印有"为人民服务"字样和毛主席头像的帆布挎包，里面装着理发推子、维修用具、抹布、铲子等各式各样的工具，走街串巷，服务邻里。无论社区居民遇到什么样的生活难题，队员们都会力所能及地施以援手，不仅为社区居民生活带来了方便，更让整个社区温暖和谐、亲如一家。这支服务队的发起人就是老党员李长才。

从"送学"到"送服务"

在纬一路5号院一个居民小区里，笔者见到了今年已经78岁的李长才和他的老伴陈瑞香。陈瑞香也是挎包服务队的骨干成员，服务队成立之初，她就是李长才的好帮手。

2014年4月，在党的群众路线教育实践活动开展中，大观园街道整合社区退休的党员资源，组织了一批威望高、能力强、明事理、有爱心的老党员率先在经二路社区成立"挎包服务队"，通过划片包户，为辖区老、弱、病、残等不能参与集中学习的党员进行"一对一"送学进家门服务。被公认为社区"热心肠"的老党员李长才当选为服务队队长。

纬一路5号院是个开放式小区，没有物业，院子里的旱厕长期缺乏管理，成了过往行人和周边商户的公用厕所，严重影响了居民的正常生活。热心的李长才主动当起了"所长"，义务定期清理厕所卫生，一干就是5年多。为了让小区有个干净整洁的环境，他还发动邻居们一起打扫院落卫生，夏天驱蚊虫，冬天扫落叶，件件热心事，街坊邻居看在眼里记在心里，李长才成了他们打心眼里敬佩和信任的人。

李长才并未止步于"打扫自家门前雪"，成为挎包服务队队长后，他又带领着7名队员，开始"送学上门"。

在为行动不便的老党员送学时，李长才发现，老人们的需求远不止学文化这么简单。"社区里开放式的老旧小区多，老居民多，环境管理、房屋维修等问题也比较多。"一趟趟走访后，李长才和队员们的"送学"活动渐渐变成了居民更需要的"送服务"。

"我原来在无线电一厂工作，简单的维修不在话下，于是就自己配置了些扳子、钳子、锯子、螺丝刀等工具，在走访的时候，给需要的居民提供点力所能及的帮助。后来社区专门给我们配了整套的维修工具，更方便携带使用了。"一边说着，李长才拿出自己的挎包和新旧工具给笔者展示。"老伴也自学了理发，社区也专门给她买了一套设备，装在挎包里，经常上门给行动不便的老人理发。"话语中，满满的都是开心和自豪。

与社区党员、居民接触越来越多，李长才带领的服务队提供的帮助也越来越多。修理家电、清扫街院、治安巡逻，扶孤助残，定期去空巢、独居老人家里整理家务，与他们谈心聊天，甚至在收集情报信息、举报案件线索、安全防范宣传、登记人口和房屋信息等工作中，都有着服务队奔波、忙碌的身影。

"哪家老人需要理发了，哪家水管不通了，甚至哪家没时间接送孩子了，凡是社区居民生活的困难问题、需求诉求，挎包服务队全都主动提供帮助。"经二路社区工作人员说，在李长才的带领下，挎包服务队已经从最初的8名队员发展到近百名队员，其中正式队员48人，平均年龄67岁，三分之二的队员是党员，累计为辖区居民解决民生实事600多件，"他们不仅是社区居民的'贴心人'，广受拥护的志愿者服务队，更成为社区文明的一张靓丽名片"。

"美丽泉城"守护者

"社区就是我们的家，爱护自己的家，理所应当。能帮助到别人，我们自己也很快乐。"李长才说他是土生土长的济南人，在纬一路住了近50年，对这座城市的一草一木都有着深厚的感情。

"以前有句话说'北岗子住店，南岗子吃饭'，纬一路曾经有很多饭店，商业繁荣。近些年变化很大，更时尚更现代了。"对李长才而言，尽管城市面貌与生活方式千变万化，但不变的是他对这座城市的热爱。他带领服务队，把这份热爱践行于一次次志愿服务中。

济南创建国家卫生城市期间，李长才和队员们冒着严寒酷暑在大街小巷清理乱贴乱画的小广告，为创建整洁有序的卫生环境尽一份力量；共享单车流行起来后，出现了一些市民损坏单车的现象，他又主动组织大家开展了"爱车如爱城，挎包志愿行"保护公共单车行动，组织大家擦拭整理脏乱单车，对损坏车子进行修理；2020年，为做好疫情防范工作，他和老伴从大年初三就开始义务执勤，挎包里多了体温枪、登记簿，在卡口值班，测量人员体温，上门摸排人员信息，发放张贴防疫宣传品等，"平均一天6个小时，一直坚持到五月底"。

除了全力投入防疫工作，李长才还带头捐款。挎包服务队的其他队员们深受感染，纷纷献出爱心，并担负起网格防疫检查站值守任务，主动学习使用微信、QQ等线上工具，向居民转发上级部门的防疫政策和防疫科普知识，呼吁辖区群众齐心协力防控疫情，成为大观园街道抗疫战线上的"不老先锋"。

正如济南市责任市民评选组委会的颁奖词所言："老商埠，风雨百年繁华路；老邻居，年逾六旬热心肠。进门入户送服务，走街串巷解难题。"李长才和挎包队队员们用一次次平凡而真诚的行动，兑现了挎包上"为人民服务"的承诺，并引领着越来越多的中青年党员志愿者、退休人员参加到社区志愿活动中，践行志愿精神，用无私奉献和辛勤劳动擦亮了"泉城之美"。

变废为宝的"精致生活"

在李长才的家中，笔者看到，虽然房子有些老旧，但是收拾得干净整洁，一盆盆别样、精致、造型独特的盆景，一件件惟妙惟肖、玲珑精致的微型家具，更让这个小家充满温馨和情趣。而这些盆景的制作材料，竟然全是弃之不用的废品。李长才的巧手可以"化腐朽为神奇"。

原来，除了获得过"最美志愿者""模范共产党员""济南十大榜样"等荣誉，李长才还是一位"绿色环保达人""节俭达人"，曾因环保、节俭的善举，参加了《节俭中国人》真人秀栏目，获得"节俭贡献奖"。

"拱桥护栏是我用旧牙签做的，拱桥的底座是用断掉的水壶把手做的，这些亭子、栈道、小船等全是用废品改造制作成的。"李长才介绍说，在无线电一厂工作时，因为绘图需要，他专门学过绘画。退休后，他把美术功底用在了"变废为宝"的手工制作上。纽扣变成车轮，木地板边角料"化身"屋顶，药膏皮舒展了船帆……李长才告诉笔者，家里摆放的十几盆盆景，所有的装饰全都是用废品制作成的。

除了假山盆景的装饰，李长才还用淘汰下来的各种材料制作手工艺品。条几、方桌、屏风、圈椅、钟表……李长才家中有一整套小巧的中式传统家具，全是用废木筷、木料、旧挂历、老式打火机等制作而成。"这是我们那个年代的家居摆设，我根据记忆一点点打磨的。"在李长才看来，现在生活条件好了，也不该铺张浪费，"节约环保才应该是现代社会的生活方式"。

精巧的构思、精细的手工、精致的物件，让一件件废品在生活的"有心人"的打磨下，变成了"日子"的记忆，还为这个家庭增添了浪漫。笔者看到，在一个箱子里装着许多泥塑玩偶、小饰品等，全是李长才用搜集的废旧材料，专门为老伴制作的，他还以老伴为社区老人理发为原型，制作出泥塑作品，用一个盒子装饰起来。"他啥东西都往家拾，啥东西也不舍得扔，弄得家里满满的。"老伴陈瑞香的"抱怨"里有着"宠溺"的宽容。

这对已经结婚59年的老夫妻，在相扶相持中共享着生活的美好与甜蜜，他们充满情趣地热爱着生活，将日子过得津津有味，一如这座城市里热腾腾的烟火气中，洋溢着活力与幸福的时代脉动。

（聂梅/文）

李建军：
复活泉城老建筑的记忆与体温

他来自内蒙古，却被媒体称为济南"城市记忆的守护者"；他是一名烹饪大师，却牵头成立济南市老建筑文化旅游促进会，并融合多方力量，策划、组织、举办了济南市第一届老建筑文化旅游节、"秦琼故里，济南寻福——济南市秦琼文化旅游节"，使之成为济南的知名文化旅游品牌。电影、美食、建筑、文化的融合，产生了怎样的"化学反应"，让这位异乡来客成为济南城市文脉的传承人、济南故事的传播者？

与"小广寒"的不期而遇

小广寒，是位于济南市经三小纬二路拐角处的"现存的中国最早的电影院"，自2011年修复开放以来，已累计公益接待20多万人次参观，被赞为"老建筑历史功能与现代功能完美结合的实践样板"。而投入1200多万"修旧如旧"、实现百年老建筑"活化利用"的济南市小广寒博物馆馆长李建军，被誉为"城市记忆的守护者"。

2008年，与小广寒"初相见"时，其实李建军和他的合伙人、设计师王建宁只是想做一间个人工作室，预算只有150万。"当时，市中区相关部门决定引入社会力量和民间资本对小广寒电影院旧址进行保护性开发。看到这座文化地标性建筑后，一种亲近感油然而生，于是，毫不犹豫地拿出3万元定金，接手小广寒。"所谓"亲近感"，指的是他创办的第一家文化主题餐厅，曾坐落在建于20世纪30年代左右的深宅小院里，很多朋友和友人慕名而来，为的就是一睹这座结合了中西文化的四合院。可惜的是，它被拆除了。也许正因为拆除，让李建军意识到，济南老建筑和他的内在情感早就有了一种深层的链接。与小广寒的缘分，不能不说是这种深层链接使然，它为李建军悄然打开了一扇从美食文化到老建筑文化传承的大门。

"在修复中，我们开始查阅关于小广寒的资料，越研究越深，设计稿不断修改，到9个月的时候，我们不敢动了。"小广寒是山东省第一家电影院，中国第二家电影院，是现存的中国最早的电影院。"它曾数度更名——国民电影院、济南电影院、明星电影院。小广寒深藏着济南的历史记忆。"李建军说，小广寒电影院不仅记录了20世纪初的济南文化娱乐生活，它自身的巴洛克建筑风格，更是济南开埠后中西文化交融相汇的直接见证。这样一座极具美学价值、社会价值和历史价值，具备多重文化语境的老建筑，该如何复建？没有图纸参照，没有现成标准，李建军和王建宁却坚持"修旧如旧"的原则，尽力尊重历史、还原老建筑。

查阅历史资料、咨询专家意见，对设计图纸反复打磨，他们跑到各地去学习老建筑如何改造，"上海新天地、田子坊，成都宽窄巷子，北京798……我们都去过，还专程去意大利学工艺、找材料。"李建军介绍说，复建需要大量原汁原味的老建筑材料，两人就去当时正在进行棚户区改造的普利街"淘金"，"光旧砖石、旧木材就拉了几十车"。而为了保留小广寒的墙面质感，他们找来师傅把原来的砖切割成L型，"浇入钢筋混凝土，再将砖砌上去"。

复建中施工、返工、再施工、再返工是常态。让李建军记忆最深的是弧形穹顶的修复，"弧形穹顶是小广寒巴洛克风格的典型体现，从每个角度看，都是圆形的，但是找来的师傅做了几遍，都出不来效果，最后设计师王建宁只好自己动手，历经几遍修改，才最终完工"。曾编著《图说济南老建筑》一书的老建筑专家张润武先生2012年2月16日来到小广寒，看到这几乎完美复现原有样貌的穹顶时，激动得流泪。"他没有想到我们能做得这样细致、这么完整。"李建军说。

精益求精的态度、严苛的标准，500多平方米面积的修复改造花了整整26个月，原本150万的预算，一路追加到1200万！用王建宁的话说："我设计工作室的所有收入，还有建军经商这些年的收入，都投到这里面来了。"小广寒焕然一新。而如何让这座老建筑持续"活"下去？"老建筑的保护与开发"这道难题摆在了李建军和王建宁的面前。"仅仅作为博物馆，无论如何也生存不下去。"李建军决定将小广寒分为两个主体，第一个主体是电影博物馆，公益开放，将其打造成为真正意义的代表济南、甚至是中国的电影博物馆；第二个主体是电影主题餐厅，作为支撑博物馆发展的经济基础。

于是，有了我们今天看到的融电影文化、建筑文化、饮食文化于一体的小广寒：圆弧形门脸上"1904"的标记，记录着它的百年岁月，门口摆放的中国早期电影放映机，让人们在不经意间走近百年前幕布挂起的放映夜晚。入门后，踏过历经时光仍坚固如初的老木梯，到以中国人自己拍摄的第一部电影命名的主题房间——"定军山"：餐桌上摆放的不是餐具，而是电影胶片片夹。一个小储藏间里存放着300多部老旧的电影胶片，铁盒上的斑斑锈迹，像是时间的年轮记录。

跟随李建军的解说，笔者走过连廊上历经百年淘洗的老栏杆，触摸16根百年前德国钢铸的支撑杆，透过两扇平圆券窗，看到盛放着不同型号电影放映机的展览架，曾经摇摇欲坠的承重墙，被特殊工艺制成的铁制电影海报包裹，如这座老建筑般焕然重生……小广寒的每个角落每个细节里，都散发着历史温度，无声地述说着"前生"故事。"桌子上这盏台灯，是我们特意从德国淘回来的。看脚下的'地板'，这其实是济南的特产——木鱼石。"李建军笑着说："我常常和大女儿说，小广寒是你的妹妹。其实，论付出的心血，或许比养育孩子还要更多。"2011年6月1日，重修后的小广寒正式开业，"选择这个日期，是因为这一天是济南胶济铁路通车的日子。"

2013年5月，小广寒被国务院批准为全国第七批重点文物保护单位；2015年5月，被评为济南百座博物馆之一；2017年，被济南市旅发委、旅游联合会评选为"2017年度泉城醉美乡愁记忆"和"泉城最美老建筑"；2015年至2017年连续三年被中国烹饪协会评为"中国服务最具创意文化主题餐厅"……如今，引导前来用餐的客人参观，讲述小广寒的"前世今生"，成了小广寒特色之一。"小广寒作为博物馆已经接待了近32万人次的参观者"。李建军说，店里的每位员工都能熟悉地介绍，"我和他们最常说的就是：你们不仅仅是这里的工作人员，更是这里的文化传播者和守护者。"这座完全由民间商业力量推动的老建筑保护性开发，终于实现了历史和时尚、文物保护和商业化的完美结合。

为老建筑成立民间组织

"这是以前的济南城区，就是现在护城河环绕的一圈，涵盖的范围。""这是济南的百年商埠区。1904年，济南自开商埠，这个商埠在中国历史上具有非同一般的意义，它和青岛、烟台等地被迫开埠性质不同，它在行政管理、市政建设、司法等方面具有独立主权，并明确规定了涉及邮政、电报、电话的事宜均由中国人担任。"2018年6月30日上午，李建军向来参加商埠老建筑遛弯打卡系列活动的40多位小学生和学生家长，讲述济南古城图、济南开埠史，带领他们在小广寒的参观中，体验这座"泉水名城"的另一种温度。

商埠老建筑遛弯打卡系列活动正是"寻找城市记忆——旅游老建筑文化记忆恢复工程暨济南市第一届老建筑文化旅游节"七大主题活动之一。活动中，市民、游客乘坐铛铛车，从经一路到经四路，漫步小广寒电影博物馆、华夏书信博物馆、皇宫照相馆、宏济堂博物馆等老建筑。"我生于济南，长于济南，却不知道济南还有这么美的建筑，这么多美好的故事。"市民陈先生在活动后感慨道，"这些老建筑确实是济南的古老文化结晶，每一栋建筑都有历史故事。"而初二学生蔡晟熹则在参观完老济南邮政大厦后，深深地为自己的家乡感到骄傲："它有一百多年的历史，在这里我感受到了家乡的文化积淀，让我们更加热爱家乡。"

在为期3个月的时间里，济南市第一届老建筑文化旅游节吸引了近20万人次参与、上千万次媒体宣传和网络点击，此次活动的主办者之一就是李建军担任会长的济南市老建筑文化促进会。

遇见李建军的小广寒是幸运的，它得到了百年后的延续和传承，迎来了华丽转身；而遇见小广寒的李建军则说："小广寒让我实现了梦想。"小广寒让李建军第一次知道了济南商埠史，第一次对老建筑有了更深切的体悟和感知，"建筑的灵魂是历史。它本身就是一段可以触摸的'立体的历史'。"在李建军的办公室里，摆在书架上最多的是各种版本各个年代的关于济南历史文化和老建筑的相关书籍。"这是1914年大东日报社出版的《济南指南》，里面有一段对小广寒的专门介绍。"李建军翻开其中的一本向笔者介绍说，书中在"电光影戏"章节记录了小广寒：商埠三马路东首。定价楼座每人一元。包间每间四千。楼下每年一千。池座每人六百。晚八点开演。至十点钟止。"这本书也证明了现在一些关于小广寒建于1914年的说法是错误的。"李建军说。

为了让更多人走进济南商埠、走进老建筑，了解济南这座城市的历史文化脉络，2017年，李建军牵头成立了济南市老建筑文化旅游促进会。"我们希望将历史文化遗存和丰富多彩的老建筑合理保护和使用相结合，能够更好地传播和弘扬优秀传统文化。"李建军谈到成立促进会的初衷时说。

除了打造"济南市老建筑文化旅游节"等主题宣传活动，济南市老建筑文化旅游促进会还通过音视频、全景VR及电子地图等方式，展示济南旅游老建筑的详细情况。而皇宫照相馆民国风主题场馆、邮政大楼慢递时光馆、华夏书信文化博物馆书信投影墙、小广寒老电影场景展示等网红打卡景观的设计及建设，更提升了老建筑的可观性、趣味性。促进会还联合组织大专院校、作家协会、出版机构等单位创作济南旅游老建筑的文化产品、文创产品、研学游产品。

"促进会的成立，为老建筑的保护、开发和发展提供了组织保障，也将关注老建筑的人团结到了一块。为集中民间智慧，通过沟通与合作，共同保护老建筑，守护文化遗产搭建了很好的平台。"长期关注济南市老建筑发展与保护的山东省散文学会副会长、九三学社历下区委员会委员陈忠说。

一名政协委员的担当

"一座城市需要烟火气的滋养，老街老巷保存着这座城里人的精气神。""文化传承方式有很多种，老建筑更直接，通过它可以触摸到这座城市的历史温度。"

"文化的传承需要日积月累，不断去影响。老建筑就是文脉，它一定有章可循，可以梳理，只是我们现在需要做足功课。"作为一名济南市市中区的政协委员，李建军多年来不断为老建筑的保护与发展建言献策，提交了关于发展济南市老商埠文化传承区标识、发展文化产业、提升基础教育的提案和社情民意调查报告，并作为主编者，编著了《活化——百年影院小广寒的保护与复兴》《活化——百年邮政大楼的家国情怀》等。他认为，文化传承方式有很多种，老建筑更直接，通过它可以触摸到这座城市的历史温度。

在李建军看来，小广寒的成功是"天时地利人和"，"2008年，小广寒还只是一处登记在册的历史建筑，尚未列入文保名录，引入社会力量和民间资本进行保护性开发的政策约束较少。"但是当前老建筑面临着包括产权、机制等许多问题。

在小广寒采访结束后，笔者跟随李建军来到位于经三路小纬二路东侧的广智里。"这是商埠时期的商贾大院，你看这些斧点的大石块，高高的门槛，斑驳的木门，都是宝贵的历史记忆"。李建军介绍说。然而，对居住在这里的居民来说，广智里却是"苦不堪言"。"这些大院潮湿不堪，我们常年如厕不便、洗澡不便。"生活在这里四十多年的金阿姨告诉笔者，房子老旧失修，而且许多私搭乱建，对老建筑破坏严重。

　　在李建军看来，广智里的一砖一木都是不可替代的，"广智里所在的大纬二路与小纬二路、经三路与经四路之间的片区，有小广寒电影院旧址、德国诊所旧址、英美烟草公司等多座珍贵的老建筑，通过规划，此区域可成为老商埠文化传承区的入口处，可将小纬二路规划为步行街，广智里可以打造成为民俗、艺术、商业精品区域，和大观园商城片区形成联动。而这些都需要政府政策的引领作用，同时积极引入民间力量的参与，来共同完成。"李建军建议道。

　　在调研时李建军还发现，老商埠区被分割成三个部分，分属市中区、槐荫区和天桥区，又有规划局、土地局、文物局、旅游局等多个职能部门分管，"缺少专门的管理机构，限制了老建筑文化内涵的挖掘和开发利用"。"老建筑最大的功能就是使用。"他建议成立专门的管理委员会，统一管理，制定科学、可持续的商埠发展规划，"和现代生活结合起来，实现老建筑的活化利用，实现老建筑的当代价值"。

　　"十年前，我们投入千万修复小广寒的时候，很多人笑话我们：'投入这么多钱，你能开多少餐厅，赚多少钱？'十年后的今天，很多人对我们说：'你们做了一件了不起的事，为济南做出了贡献。'"在李建军看来，保护开发老建筑，传承历史文化，已经到了最好的时候。市民、游客的热情和认可度，让李建军明显感觉到"大家需要这些"。

　　"一座城市需要烟火气的滋养，而老街老巷保存着这座城里人的精气神。"李建军认为，慢下来，在老商埠区里体验百年前的济南另外一种生活节奏，可以触摸到这座城市千百年来沉淀下的"真正灵魂"。

（聂梅/文）

济南邮政大楼：
历百年沧桑　逢盛世"活化"

1904年的一天，一声惊天动地的火车汽笛声划破济南沉寂的上空，标志着济南顺应时代发展潮流自开商埠。借由胶济铁路的便利，很快，在济南的经纬之间建起了对外开放的"经济特区"——商埠新城。洋商掀起兴建洋式建筑的风潮，一批别具异国风情、造型各异的西方建筑陆续建造起来，也开创了济南的很多第一：第一家山东邮政在济南自主建设的邮政大楼、第一家电报大楼……如今，这些百年"老房子"从历史中走来，抖落一身的尘埃，披上时代赋予它们的新的外衣，叠加"00后"的思维与创意，活化利用，又一次惊艳了时光。

2020年7月7日上午9时，循着历史碾过的痕迹，笔者走在高大的法桐荫蔽下的经二路街道，踏寻经历了无数风风雨雨的邮政大楼。从老城向商埠走去，恍若从古色古香的中国城镇步入了欧洲街市，富于欧式风格的老建筑，见证着这里昔日的繁华与昌盛。路两旁高大的法桐树，仿佛忠诚的卫兵，守护着久经沧桑的房子，飒飒作响的树叶，像在描述百年前的样子。

在一幢幢风格各异的建筑中，经二路南侧的一座西洋古典式建筑引人驻足。浓郁的西方古典风格庄严华丽，两侧墙面是对称、夺目的红砖与蘑菇青石砌筑的砖墙，墙上镶嵌着写有"第二批省级文物保护单位""第七批全国文物重点保护单位 济南经二路近现代建筑群"的牌子，它就是山东邮务管理局旧址。老百姓亲切地称它为济南邮政大楼。

在大楼的两侧，两个老式的嵌入式信筒箱格外吸睛，笔者了解到，它是1918年建邮务管理局时的配套设施，建造时的功能就是方便用户往里投信，现在虽已不再使用，但透过它的痕迹，仿佛还能看到百年前的市民往里面投递信件、寄托情思的场景。

"该建筑设计者为天津外国建筑事务所建筑师查理与康文赛，建造者为天津洋行，1918年3月动工兴建，1919年竣工，是济南邮政自建的第一座邮政大楼。"随着济南市老建筑文化旅游促进会、济南市历史文化遗存保护与活化利用协会常务副会长，丝路国家摄影组织国际联盟集邮与收藏委员会副主任，也是1980年参加工作的老邮政人赵曼的讲述，百年大楼久封的记忆顿然而释……

作为山东邮政在济南自主建设的第一座邮政大厦，曾经济南商埠区的第一高、最具代表性的地标建筑，山东邮务管理局旧址堪称济南的一个"建筑奇迹"。自1919年竣工后，它静静地矗立了百年，记录着鲜为人知的邮政史，目睹了一代代邮政人的家国情怀，为济南百年邮政谱写了一曲不忘初心、百折不挠、奋发向上的壮丽凯歌。它的身上还烙印着新中国成立前血雨腥风的济南历史，屹立的大楼至今无时无刻不诉说着老济南的故事。

"这张老照片是1920年投入使用的山东邮政管理大厦，是民国时期济南最高的建筑，当时是三层建筑，现在看不到了。""这张照片，记录了解放济南邮政大楼时，解放军从大楼西北角冲进大楼时，逐层逐房间进行攻破的场景。""这几张照片记录了早期利用牛车运送体积庞大的邮件以及步班、马班邮差的景象。"……踏上这座具有浓厚济南味道的"化石"般的大楼的楼梯，墙面以及二楼走廊里一路悬挂的老照片，让走进来的人仿佛回到了那遥远动荡的年代。

赵曼介绍，原址在1914年设为山东邮务管理局，1931年又改称山东邮政管理局，除管理山东全邮区的事务外，亦下设本地事务管理处，管理本地局所的邮政事务。1919年秋，大楼落成，次年2月，邮政营业部门迁入并正式对外营业，办理邮寄信件和包裹业务。"建筑平面为短山字形的邮政大楼最初设计时为三层，一层为营业大厅及邮件处理室，二三层为邮务管理办公室，在二层中间凹入的部分，为联系各室的外廊。大厦顶部为四柱望楼，采用硕大的四坡红色盔顶，上面安置了旗杆。"就是这样一栋别具特色的洋楼，在当时创建了多个济南之最。

然而这座最高的济南商埠大楼使用了两年就遭遇横祸。1922年7月，由于一场火灾，三楼的屋面被烧毁，不得已，三层的大楼被改为两层，原本孟莎式坡屋面的顶层被改成平面屋顶，是济南率先采用钢筋混凝土结构的建筑。特别值得一提的是，改造后这栋建筑楼顶部的塔楼高出楼顶两层楼高。民国时期，登上塔楼，可以俯瞰济南老商埠区的全景。

这座大楼被牢记不仅仅是因为它的风格和神秘，更因为在这座大楼里曾发生最惨烈的巷战，它见证了济南流血的历史。

1928年的"五三惨案"，1937年底济南再次被日军占领的场景，1938年济南邮政部门被迫外迁的伤痛……百年邮政大楼——目睹了这个城市的历史变迁和曾经悲惨的被欺凌的苦难岁月，无言地伫立守候。所幸英勇的解放军最终将红旗插上了这座商埠的最高建筑，迎来了济南的新生！

新中国成立后，1958年，该楼归济南市邮政局使用，今为中国邮政集团有限公司济南市分公司主楼。1995年12月，大楼被列入济南第二批重点文物保护单位；2006年12月，被列入山东省文物保护单位。2013年3月，百年邮政大楼被国务院命名为第七批全国重点文物保护单位。

走进大楼，虽经历百年风雨，它的风采依旧如昨。修缮完成后的大楼基本保留了原貌，螺旋楼梯、铁棂铁窗、雕花门窗等建筑风格依然。从建成到繁华到没落再到重新启用，起起落落仿佛一本耐人寻味的书，值得久久品读玩味。

爬上高出楼顶两层的塔楼，红瓦四角形盔顶的塔顶绚丽夺目、造型别致，中间铺着中国传统的黄琉璃瓦，每一面的中间还铺着一条绿琉璃瓦浮雕花纹作装饰。旧时登上塔楼可以俯瞰商埠全景，济南飞侠大盗"燕子李三"当年常在此喝酒吃烧鸡的传说，更为这座百年大楼增添了神秘色彩。

　　赵曼介绍，2008年大楼修复翻新时，施工人员把墙皮刮掉后，露出来的都是当年战争留下的枪弹孔，非常密集，弹痕累累，通过弹孔的密集度能体会到当时战争的惨烈。如今"华丽转身"的业务办公大楼，拥有太多值得纪念的痕迹，每一级台阶似乎都包含着如烟的往事。

　　"在这样一个百年的老建筑里面办公，每时每刻都感受到传统的文化和百年邮政间息息相关的联系。"中国邮政集团有限公司济南市分公司总经理李鹏表示，民众来这儿除了能体验老商埠的传统文化之外，还能够体验一些包括邮政书信、集邮等传统邮政文化与现代邮政文化的气息。

　　品味老楼，是对历史密码的解读；活化老楼，如何再现历史风采更值得深思。借助百岁邮政大楼的活化，让今已衰落、淡忘的书信文化，带着百年来历史的积淀沸腾着重新进入人们的视野是关键所在。

（徐从芬/文）

《百年邮务》 海珠 绘

第四编

魏家庄街道

魏家庄江湖往事

王德安长于德安里。

"那个大屏幕往东去，冲着永盛街的那条胡同就是。"当向外人介绍德安里的时候，王德安需要借助一些当下的地理坐标。那条他熟悉的胡同，已经消失在城市的变迁中，在今天的导航地图上难觅踪迹，却烙刻在王德安的名字里。71岁的王德安记得跟德安里有关的一切，发生在这里的故事渐渐成了传奇。当他细述那些听说过、经历过的种种时，又发现它们其实早已经超越了德安里，构成了一部魏家庄江湖往事。

（一）

每天清早，王德安在魏家庄社区义务教授武术，强身健体，弘扬国粹。即便是在今天，武术依然有着鲜明的传统特色，比如讲究师门传承。王德安说，他是西关刘二爷的徒弟。

王德安从小喜欢武术，至今说不清其中的原因，只能将其归结为一种纯粹的爱好，或者说是当时一个机灵、好动的小男孩的天性。王德安回忆，现今银座晶都国际的位置是当时的济南火柴厂，旁边便是刘二爷的武场，距离他在德安里的住处并不远，过了人民商场东侧的桥，再往南一点就是。

德安里原是一片荒地，约在1925年，贾姓在此建宅做生意，店铺字号

"容德堂"，形成街巷后，以堂号定街名为"德安里"。它附近就是民康里，清末，陕西省督军吴新田在此处建宅多处，形成街巷后，取民顺安康之意，故名"民康里"。它的不远处则是同生里，这条街巷原为山东督办张怀芝"松菊花园"旧址，1930年，李、张等四姓购买该园建宅，其中，李姓开设"同立锉厂"，张姓做买卖，堂号为"大生堂"，形成街巷后，取两姓作坊、店铺各一字，于是就有了"同生里"这个名字。

有限的史料记载无法对历史面面俱到，而我们又惯于为历史溯源，着力于其中的风华。我们会从资料中去寻找这些胡同名称的由来，然后发现其命名多来自富商大贾或者旧时军阀的影响力。但他们并不是这里唯一的居住者，此处还有更多像王德安一家一样"混穷的"。

在王德安的童年记忆里，同生里的青砖二层楼是最好的。他有一位同学就住在那里，进去之后，地上铺了木地板。但大多数都是平房，住着艰辛谋生的普通人。所谓富商大贾鳞萃，而负贩小民侨寓其间，以谋生计，他们的生活拮据且窘困。

所以，当年9岁的王德安只能常常跑到刘二爷的武场里偷看、偷学、偷练。要想在武场里正儿八经地学习，需要每月交学费，有工作的人交一块钱，没工作的人交五毛钱。王德安正在上小学，没工作，但他也出不起五毛钱。

王德安说，济南解放以前，父亲拉洋车营生。有一次在经三路，日本人坐父亲的车，嫌慢，一脚将其踹到路边沟里。家里人知道后，卸了门板，将断了肋骨的父亲抬回家。洋车也坏了，原本是租的一位亲戚的，没有钱赔给人家，最后送去家里挑水用的一对桶和一根担杖。

王德安回忆，旧时德安里的街中间，有用砖垒的"垃圾箱"，大约一米高、一米宽，不到两米长，顶部是一个木头做的四方盖，每天清理一次。四哥、五哥就会来垃圾箱里扒拉着找吃的，吃进肚子里得了病。吃不饱的日子里更不可能有钱看病，父母只能看着他们病死在床上。王德安说，他的三哥目睹这一切后发誓学医，"专给没钱的人看病"。

所以，王德安不可能从父母那里要到学武术的费用，于是自己逃学去天桥底下"拉套子"。对当时像王德安这样的普通人来说，卖力气是一条通用的谋生规则。

王德安回忆，过去的老天桥底下，往南到经一路，往北至成丰桥，铺的全是半米宽、一米二长的石条子，两侧是坡沿。当时城市里鲜少有机动车，甚至自行车都不多见，运输主要靠人力拉地排车。地排车过天桥就要上坡沿，单靠一个人的力气不够时，便需要一些助力。王德安他们这些"拉套子"的就在一旁问："挂吧？挂吧？"这是他们的"行话"，意思就是询问车夫是否需要帮忙，如果需要，他们就上前，拿出套子挂在地排车上，跟着一起往上拉。套子往往是自制的，绳子绕个圈，挂在地排车上的一端系上钩子，套在胳膊肘上的一端绑个鞋底，"光用绳子太累"。王德安说，使力气的时候，他们弯着腰，撑住绳子，就跟电影里演的纤夫一样。

地排车顺利上了坡沿，王德安他们一般能挣到三分钱，如果个子高点、壮实点，使的力气多一点，则能挣到五分钱。上了坡沿之后，如果车夫需要，还能跟着拉长途，挣得更多，但是当时"拉套子"的多是小孩子，没人敢走远。

对王德安来说，他"拉套子"的天桥底下，其实就是一个江湖，规则简单明了，靠力气吃饭，靠拳头说话，这三五分钱不是谁想挣就能挣。当时有一个名叫"震天桥"的人，把天桥底下当作自己的地盘，谁想要进去"拉套子"需经其同意方可。每一个"新人"的加入，都意味着另外一些人挣钱机会的减少，所以都会受到排斥，王德安是硬"打"进去的。"一看来了个生人，就过去欺负你，不让你拉，把你打跑了。你要是愣厉害，揍你两回，一看揍不过你就拉倒了，见面还愣客气。"在天桥底下过往的车夫也不敢轻视这帮"拉套子"的孩子，有的人不舍得分出一点力气钱，就客客气气地拒绝他们，如若不然，可能就会在他们身上吃苦头。

王德安有时一天就只能挣五分钱，有时一天能挣两毛五分钱。"这两毛五了不得，五分钱就买两个鸡蛋。"王德安说。可是挣到了钱，他又想换成吃的分给家里的兄弟姐妹。"我'拉套子'的时候，一顿饭吃一斤锅饼，一斤馒头，一缸子豆腐脑，还有一个咸菜疙瘩。"这些都吃下去，王德安也不觉得饱，除了正是饭壮的年纪，还因为那时候饭桌上几乎没有油水。

王德安的江湖里三教九流，有时候他还会去摔跤场里帮人"刨地"，把场子里的土刨松散了，摔上去不疼。刨完地接着去帮忙摆凳子，待表演结束再把所有凳子收到墙角，用铁链子锁好，把钥匙交还给人家。当时中苏友好电影院旁边有个饭店，做的包子特别好吃。王德安干这些活虽然得不到工钱，但是能拿到半斤包子，用荷叶包好，带回家分给姊妹们。

王德安始终没有攒够五毛钱的武术学费。后来，他认识了一个朋友，恰好是刘二爷的邻居，经过他的引荐，王德安在武术场子里教小孩翻跟头，做杂事，以此抵了学费，终于不用再"偷学"，也慢慢有了成绩。

（二）

在天桥底下"拉套子"的时候，王德安觉得济南"愣小"，从那里再往北去，几乎全是荒草野地，看不到住家，直到北园，能见到大片的藕池、零散的菜地。

王德安经历了城市的巨变，包括版图的延展，眼见着济南越变越大，很多区域的繁华从无到有。其实，城市从来都是动态发展的，包括他曾长期生活过的德安里，乃至魏家庄。

据资料，魏家庄地名的由来源于清朝道光年间的一场水患，长清魏、曹两姓人士避难迁居至此，逐渐形成自然村。因魏姓来此最早，人口较多，经村民共议定名为"魏家庄"。1924年，《续修历城县志·地域考》中便有"魏家庄"的记载。

在大时代里，一个新地名的出现乃至整个区域的动变都并非孤立的。据《济南通史·明清卷》记载，明清时期水利工程相对不完善，水灾严重，清自开国至道光年间发生大小水灾47次，平均4年1次，其中危害较大的是黄河、运河及大、小清河的决溢。

《济南府志》就曾记载了道光元年（1821）的一场水患及后来的瘟疫，"夏秋大水，民间大疫，死无算。"很难说清，长清魏姓人士来此重新寻找生计，是因为这47次水灾中的某次，还是其他，但是这场迁徙却开启了一方土地新的开始。在他们到来之前，这里荒凉已久。在时间轴上更为久远的过去，魏家庄还不是魏家庄之前，不过是济南府城之外一片荒草丛生、乱石无章之地。

可是继续沿着时间的长河回溯，在一段漫长的跋涉之后，我们或许又会看到这里的另一番景象。借助于考古，"地下魏家庄"重现于世，我们得以从那些珍贵的遗存中窥视一种我们全然陌生的历史生活。《济南通史·文物考古与山水园林卷》中便详细介绍了在棚户区改造过程中发现的魏家庄遗址，它的具体范围在经二路之南、经四路以北、纬一路以东、顺河街以西。其中，东汉末至魏晋时期的一座墓葬，随葬品丰富，其中，铜器以镜、小型器物、构件居多，其中熏炉、席镇等器物制作精美。

墓葬中的铁器数量多，其中铁鼎不仅在济南汉墓中首次发现，而且也是全国出土数量最多的一次，为研究汉代铁官和汉代济南地区冶铁工业的发展，提供了珍贵实物资料。另外，魏家庄汉墓出土的一套汉代说唱俑铜席镇，全国只有两套，此套为山东唯一。

时光回转，魏家庄逐渐向城市靠拢，并最终在近代成为城市新区。济南自开商埠之后，靠近胶济铁路的地段发展起来，《中国实业志（山东省）》中写道："商埠街道以经一路经二路经三路及纬四路等最为发达，银行业、钱庄业、棉花栈业、牛栈业、焦煤业、油业、蛋业、五金业及洋商商店，十之有九开设于此，故以济南全部而论，商埠之繁荣乃胜于城区。"

就在这个时候，魏家庄成为商埠区与老城区之间连接的一部分。《济南通史·近代卷》中介绍了这两个空间的接通："为加强商埠区和老城区的联系，先后在西城墙开通了普利门和麟祥门，并将普利门对着的柴家巷拓宽，改称普利街，向西与经二路相接；麟祥门接通经四路。由于工商业的进一步发展，商埠区不敷使用，于是先后两次展拓埠地，1918年将普利门沿顺河街一线向西至纬一路拓为商埠租地；1926年将清泉街（今并入顺河街）以西，馆驿街以南展为埠地，从而使商埠区与位于西关一带的传统商业区连为一体，极大地增强了城市的商贸功能。"随着一系列的展拓，魏家庄成为商埠区的一部分，而济南商埠也初具规模，"发展成了以火车站为半径轴心，以经二路为东西主线，以纬二路和纬四路为南北支架，街道四通八达，商店鳞次栉比的新区"。

也就是说，直到新中国成立以前，德安里乃至魏家庄已经经过了数次变化，迎来一代代人，也送走了一代代人。与它们有着紧密时间交集的王德安，只是其中之一。过去的种种都不会在城市的动变中烟消云散，而是会沉淀为一种底色。在王德安的生活记忆中，便可见这里的商业意蕴，人们在有意无意中受其影响着。

据济南市情资料库的记载，1949年3月，人民商场建成营业，原来普利街、西门大街、馆驿街、原商埠区的摊贩就近迁入。初建的人民商场，格局远非我们后来见到的商业大楼那般。据王德安回忆，那时候的人民商场分为相连通的十一段，为一切厦子的平房，不影响下雨的时候顾客来回走道。王德安小时候经常与同学在人民商场玩一种接力"逮人"的游戏，因为里面四通八达。一到夏天，人民商场的一角会有西瓜摊，摆上桌子、凳子，抱起一个西瓜在水缸里洗净，用长长的西瓜刀利落砍切，"嚓嚓嚓"就成了一片片的。王德安说，那时候的西瓜叫"三白"，白皮、白瓤、白籽。

除了玩游戏，王德安和同学还常来人民商场捡烟蒂。其实这有一个很形象的说法，遗憾的是这种特殊年代的特殊行为并没有被正式地记录到语言体系中，它就像一个时代的流星，快速地划过王德安他们的生活。

王德安回忆，那时候香烟十分紧俏，只有到了春节，每家才能分到两张烟票。当时济南最贵的烟是大前门和琥珀，前者三毛八分钱一盒，后者三毛九分钱一盒，其次还有两毛多一盒的泉城和白鹤。但是普通人一般抽八分钱一盒的大众，或者一毛二分钱、一毛四分钱一盒的大生产，即便如此，也不是经常能有机会买到。王德安就和同学们去人民商场捡烟蒂，其中名牌烟的烟蒂放到一个布袋里，普通烟的则放到另一个布袋里。回到家后，把这些烟蒂一一扒开，取出没有被燃烧的烟丝，再一袋一袋包起来，"好的孬的做好记号"，拿到今天的顺河街北边去卖。那里当时天天有集，聚着不少"下大力的"。那些烟丝就被买了去重新卷烟，或者倒在旱烟袋里，继续发挥作用。

（三）

讲述捡烟蒂的往事时，王德安说着说着就笑起来。时间让这件事成为一种有趣的回忆，但在当时却是郑重其事。彼时很多行为的意义都在一种生活条件的鲜明对比中发生了变化，捡烟蒂如是，排队领地瓜亦如是。

王德安说，街道上成立了粮店，家家有粮本。那时候，一个人的定量一般是每月25斤粮食，如果参加工作了，还能再补两斤。其中，1斤粮食能换5斤鲜地瓜或3斤地瓜干。换地瓜的时间往往是晚上，接到居委会通知后，家家户户就拿着粮本、麻包站在街口排队等。王德安说，这很隆重，没有插队的，没有打架的，也没有嫌地瓜孬好的。汽车一到，卸下一堆地瓜，按照各自的斤两装好，然后就抬回家。在王德安的印象里，那时候几乎天天都吃地瓜，一开始是一人分两块，后来是一人分三块，再后来，地瓜不仅是主食，还能为他们提供咸菜和零食，比如腌地瓜，或者干炒地瓜条，家里是大锅灶，放进沙子炒热，然后把切好的鲜地瓜条扔进去翻炒，就跟今天的糖炒栗子一样，又香又酥。

三斤地瓜干还能换一斤地瓜干酒。王德安说，父亲不拉洋车后又开始做木工，累，他就三天两头拿着地瓜干去给父亲换酒。在他的记忆里，当时喜欢喝酒的人，不管有钱没钱，九成以上都喜欢喝这种地瓜干酒。粮食多了的时候，王德安就托朋友帮忙捎到东北换黄豆，10斤大米能换12斤到15斤黄豆，带回来之后撒上盐和花椒煮成咸菜，很少有人舍得用黄豆磨豆浆。在那个物资匮乏的年代，魏家庄的人们就这样在流通交换中弥补生活中的短缺，这是一种鲜少被记录的江湖经验。

这种物质的短缺会让人去做一些改变，或者说想办法解决它所带来的问题，比如家中的夜晚如果没有足够时间的光亮，王德安就会出去寻找一些娱乐活动。那时候一到晚上，家里唯一的光源是一盏煤油灯。一个小瓶子里面装上煤油或者柴油，盘上搓好的棉花芯子，一端微微露出瓶盖，用火柴点着。"再大的屋，满屋就这么一个小瓶子，别人家也是这样，有时候买的油不好，咕噜咕噜还呛得上。"王德安回忆。一到晚上，王德安这些孩子就往外面跑，去新市场、大观园、人民商场看变戏法的。小孩子没有钱，就挤一边偷着看，如果碰到敛钱，头顶就会被敲一扇子。他还常常跑到中苏友好电影院，趁着电影散场观众往外走的时候，他就偷偷钻进去藏起来，待人多了电影又开场了，他再跑出来，跟着一起看电影。

王德安小的时候听老人讲故事，而如今他发现自己的经历也渐渐成为故事，他讲给孩子听，却发现那或许不是故事，而是传奇。下一代人不相信他童年、少年的这些遭遇，以为那是编的，他们没见过粮票、粮本，不能理解一代人甚至两代人为了吃饱饭而如此奔波。对他们来说，王德安的故事发生在一个遥远的时代，以至于他们要怀疑它们的真实性，而实际上也不过是过去了几十年。当社会进入一种加速度发展的状态时，我们会对时间产生一些错觉。

但是王德安不一样，他经历过过去，也生活在当下，对时代的变化感受尤其鲜明。他16岁参加工作，从人民商场乘坐3路车到终点站农机厂，再倒8路车，一直往东，在钢厂前一站下车。在他的记忆里，农机厂一带也是荒郊野坡，往东去的地方叫"三棵树"，其实种着三排杨树。可是如今，那里跟魏家庄一样，变化翻天覆地，甚至不只是这两处，整座城市都是今非昔比。

王德安留存了一些过去的物件，在时空的飞速变化中，它们能够帮他证明一些生活的片段不是他的杜撰，而是的确发生过。但大多数时候，这些物件和它们所关联的生活片段只能被封存起来，新的事物会关联起新的生活扑向王德安，积蓄为新的记忆。

包括武术。如果说，对几十年前那个叫王德安的小男孩来说，武术最吸引人的地方定然有招式的力量和华丽，可是对几十年后这位叫王德安的老人而言，武术的魅力则源于它文化方面的内在柔性，以及被誉为"国粹"的意义。如今，王德安不仅在社区里免费教授武术，还会到学校里给孩子义务上课。面对那些带着好奇和憧憬的眼神，王德安最开始要强调的总是那几句话："武术不是用来打架的，不需要打架，也没必要打架，学武得先学做人，得讲武德。"

过去的那些年里，王德安所闯荡的江湖，从来不是武术的江湖，而是一个大时代的江湖，"用拳头说话"的规则，在他未曾察觉的时候就消失了。

（江丹/文）

《市中老街》　徐雪峰　绘

浩荡馆驿街

有人说，每个人都是一个世界。城市里每一条街，同样是一个世界。它们勾连着历史，见证着变化，刻印着岁月沧桑。它们就像一个个舞台，人来人往，演绎着一出出命运的悲喜。在时间长河中，它们能砥砺出一种独特的浩荡气质。

馆驿街即是如此。作为一条交通要道，它见证了时代的风云变幻，而作为一条繁华商街，它又亲历了那些热烈饱满生活。它的功用一变再变，唯有名字一直诉说着历史的由来。

据文献记载，"馆驿街"的形成源于明代，明洪武九年（1376），三司（布政司、按察司、都司）移于历城。该地始设馆驿。它最初称名"官驿街"。这是因为当时官府在这里设立驿站，而驿站则为那时传递公文或接送往来官员小住、换马之处，故称为"官驿"。"官驿街"之所以后来又改做"馆驿街"，是因为明清时这条街上有了济南最大的驿站后，又逐渐有了马车店和客栈以及旅馆，此街的街名也便替换为"馆驿街"了。

600年前的明代，济南这处馆驿站的形成，和它地处交通要道是分不开的。那时的馆驿街原为历城县城西郊的济南唯一官道，从旧城西门开始，途径估衣市街、耦市口、花店街、迎仙桥、馆驿街，然后向北直到北京。同时，由城区通往长清、齐河和其他省份也必经馆驿街，因而《续修历城县志》将馆驿街称为"北走燕冀，东通齐鲁，为济南市咽喉重地"。

可以想象，彼时济南名士北上抑或回乡，皆需往来于馆驿街。明代边贡从这里赴京会试，登进士第，此后任礼部太常博士，主管礼乐祭祀，后来不堪官场之扰，借丁忧之际回乡，也是从此处经过，从此潜心读书吟诗，与其他名士共筑济南文学盛景。几十年后，又一位济南名士李攀龙也是从此处北上，中进士，为官期间"书狱狱平，治人人安，风士士起"。另外一位济南名士王象春则如是描写馆驿街上的种种惜别之情："古道朝京踏作河，寒泉无奈热肠何。东门一样垂官柳，只是西门送客多。"

在时代大背景下，馆驿街从无到有，同样在时代大背景下，馆驿街的功用和面貌也会有新的变化。据《济南通史·近代卷》，鸦片战争之后，旧式的驿递方式逐渐衰落，清政府开始学习西方建立新式邮政。济南自开商埠，后续又持续扩建，因此对邮政事务的需求也较为强烈。1899年，济南开设新式邮政局，使得"邮政益臻便利，通邮各区已渐扩大，商埠城内遍设支局，乡区亦有巡行邮差"。1914年，山东邮务管理局成立，直到1921年，济南"先后开办院前街、筐市街、正觉寺街、东门大街、津浦车站、小布政司街、纬八路7个支局，另外还设有5个代办所，经营'汇兑、包裹、信件、储蓄'，经二路管理局及纬八路、正觉寺街两个支局还办理'国际汇兑'业务。大街及马路逐处皆有邮筒"。其中，1915年还专门添置了8辆自行车来揽收投递快信，在这之前，邮件的收寄和投递，全靠人力搬运，肩挑步行。

除了新式邮政布局，更为迅速便捷的电报也让馆驿街原有的功用变得不再那么重要。据《济南通史·近代卷》，1881年，津沪电报路线竣工，次年引支线至济南。1885年，济南府电报局成立，1904年，经一纬三路处修建电报楼，到民初，不仅省外，甚至国外，"均可直接通报"。此外，电话作为一种新的通信方式也开始在城市中出现，"至1914年，安装电话用户已达600余家，……又于繁盛之区设立5处公用电话，第一处在行政公署，第二处在趵突泉，第三处在普利门，第四处在胶济铁路西站，第五处在津浦铁路车站，只要拿二枚铜圆给该处站岗警士，可随意通话至各处"。

可是，于济南城市而言，馆驿街依然重要，它连接济南老城与商埠、济南火车站，发展成为新的粮食集散地和手工作坊商业街。由于此地声名日显，因此在此建房居住、经商、开客栈的人逐渐增多，此时的馆驿街已经成为济南一条店铺林立的重要商街了。《续修历城县志》中如是写道："西关向为商务繁盛之区，圩门以外，如馆驿街、丁家洼自西居民甚众，近更毗连商埠，游民萃集，北自迎仙桥以西至十王殿，南自杆石桥以北至麟祥门，以及胶济、津浦两车站左近，商民时寻隙地增建庐舍，星罗棋布，俨成市廛。"

那时东起英贤桥（旧时称"迎仙桥"），西到十王殿，整条街上道路两旁低矮的平房里都是商业门头和店铺。普通老百姓要想截几尺布做衣服，或者买点锅碗瓢勺之类的生活日用品，一般都要走几里甚至十几里路，到这里来购买，因为这里商户经营的商品种类繁多，品种齐全，而且价格又低廉，很适合普通市民消费者的消费水平。当时在这条街上，除了传统的出售马车套具、油灯马灯、麻袋绳索等店铺外，还有多家经营五金、农具、篓筐、苇席苇箔、黑白铁器、竹帘编制、玻璃琉璃、麻袋面袋、布匹、建材物料，以及日用百货等商店，制笼、作筛、黑白铁、铜锡行、料器业都有几家。

提到英贤桥与迎仙桥，自然也会让人想到麟祥街与林祥南街。据相关的地名志资料，它们的区别并非在于新旧之称。其中，麟祥街是因为位于麟祥门之西而得此名，林祥南街这个名字却别有缘故。林祥南街始建前是一片树林，约在1915年，官吏齐铭洲和律师郝凤武等人在此建宅邸，形成街巷，因建街前为树林，又位于麟祥街之南，所以定名为林祥南街。

20世纪初，馆驿街还有"三多"：人多、庙多、会馆多。人多是因为那时尚未开辟普利门，这里是由城外进出城里的必由之路；其次是庙多，连同毗邻的居仁里、影壁后街，共有庙宇六七座；再就是会馆多，至今依然可见始建于清同治年间的安徽会馆，青砖石大殿，坐北朝南，飞檐斗拱。

而馆驿街在很长一段时间里都是馆驿街，尽管它一直在变化。抗日战争时期，馆驿街成为粮市，每月都有几天是粮食集市，集市上主要是北郊的农民来卖粮食。在街道两侧一家挨一家地摆满了盛有各种粮食的布口袋，卖粮食的农民则蹲在口袋后面静静地等待着买主，偶尔也招呼两声，介绍着他们的商品。

这里也曾有过炮火硝烟，迎接一座城市黎明前的曙光。1948年，解放济南战役打响之时，解放军某部八连一排副排长霍金龙带队直奔馆驿街逼近普利门。勇士们在影壁后街与馆驿街交叉处，同两个连的敌人交火，敌人从地堡里钻出来，一股向东跑进城门，另一股跑向西边的城防司令部，二排勇士一直追到东边城门附近。三排、二排则从街南、北向西猛插，在控制东、西两翼的激烈战斗后，终于堵住敌人反击，使兄弟部队顺利越过馆驿街，直逼城门下。二十九师八十五团二营经过十次顽强爆破，终于把三丈多高的永镇门城楼炸破，使攻城部队得以打进城内。

馆驿街亲历岁月风云，而它的变化正是时代的印记。路面变化是其中之一，往日的馆驿街长754米、宽6.8米，东起顺河街英贤桥，西至经一路、纬一路交叉路口。最早的馆驿街的路面是土路，后来用蘑菇石铺地，时间久了形成许多沟缝，经常将独轮车陷入不能自拔。20世纪30年代，改为大块花岗石，工、料具为上乘。20世纪70年代，修天桥时移用了花岗石，路面改为沥青。2007年9月，馆驿街南片区棚户区改造工程正式启动。棚户区的拆迁让居民住上了新房子，全新的社区环境也让馆驿街发生了巨大的改变。自此，古老的馆驿街又迎来了新的青春。

如今，驿馆早已成为历史的陈迹，唯有这条街道的名字，还能让人想象当年快马呼啸、传递文书的情形。

（江丹/文）

《长春里教堂》　海珠 绘

一馆尽览一城曲山艺海

在济南，人人都知道，这座城市素有"曲山艺海"之称。

济南曲艺发达，曾与北京、天津同被誉为中国曲艺三大码头。据资料记载，济南曲艺品种多样，尤其是明清以来，弦索、时调、鼓书、乱弹等地方戏曲种类繁多，有30余种传唱至今。

2017年，济南曲山艺海博物馆正式对社会免费开放。博物馆以图片、实物资料等形式展示中国戏曲、文艺发展盛况和济南曲艺文化发展的状况，展示济南曲艺魅力，可以说，一馆尽览济南百年的曲山艺海。而这座博物馆便坐落在魏家庄。

济南曲山艺海博物馆的位置，正是坐落于民康里路东的省级文保单位山东红万字会诊所旧址。山东红万字会诊所于1928年建成，是红万字会创办的慈善团体诊所，1942年改为红万字会附设医院，1953年停办。其旧址现存南北两进院落，平面呈日字形，坐北朝南，砖木结构，是济南近代建筑中保存最完整的一处四合院楼式建筑。

《市中文物建筑汇编》对山东红万字会诊所旧址中西合璧式的建筑风格有着详细的介绍，其中写道："这座建筑的第一进门最具特点，大门前立着两根爱奥尼克柱子，柱子上顶着一个标准的传统民居门楼，门楼内两扇黑漆门，门扇上漆红色对联，而这个门洞朝四合院内的一面，采用欧洲古典的半圆券式，门洞外中内西，并将中国传统的建筑部件与西洋古典的柱式结合在一起，是很典型的集仿主义作品。往北是主体四合院，由南楼

《民康步行街口》　海珠 绘

正中的一层大门进入。再往北的中院由东、西、南、北四个两层楼围合而成。南楼是全楼主入口的侧座楼，东西为两厢楼，北楼是过厅楼。木楼梯位于中院的东南角。穿过过厅楼向北就是第三进四合院，后院有中堂楼、东西厢楼和过厅楼围合而成。木楼梯位于东北角，西面设了一间过楼与民康里相通。正房的中堂楼前是高高的青石台基。这个院中所有的房子地坪都很高。第三进院的东北角屋顶有一间中式小亭子，是护院瞭望放哨的地方。"

自20世纪60年代以来，位于魏家庄的山东红万字会诊所旧址曾先后作为济南市博物馆馆址和济南市曲艺团驻地。《济南战役》《燕子李三》《誓言无声》等多部影视剧均曾以这座四合楼为外景地。如今，作为济南曲山艺海博物馆，这里以曲山艺海古溯源、南腔北调聚大观、说书唱戏汇泉城、艺海玉振启后人四大部分，阐释了济南曲艺历史的渊源脉络和沿革变迁。

对任何一个生活在这座城市的人来说，曲艺的魅力远不止博物馆里的这些资料，尤其是对亲历过那个年代的人而言，曲艺一度是他们生活中鲜活生动的存在。特别是在一段娱乐方式相对匮乏的岁月里，曲艺风靡一时，让人们的精神得到一种轻松的安置。

济南自古曲艺繁荣，百戏传统源远流长。据《济南通史·先秦秦汉卷》，无影山出土的西汉初年陶俑中就有一组杂技俑，他们与另一组长袖舞俑同台献技，台后还有乐队。长清孝堂山出土的壁画中也有一组反映百戏的热闹场面，动作既惊险又优美。济南东郊全福庄出土的汉画像石中有"弄丸跳剑"的画面，一位杂技演员跳跃于鼓上，两手倒替接舞空中的七个飞丸和三把匕首。

两千年后，曲艺依然繁盛。20世纪初，魏家庄北侧的新市场，曲艺热闹。据《济南通史·近代卷》，这里俗称"南岗子"。1915年，山东督军张怀芝征用该地辟为商场，因是济南开埠后建的第一个商场，故名"新市场"。场内建设了一座可容纳五百人的天庆剧场，也就是后来的天庆戏院，还有民乐剧场，以及露天书场等，杂耍艺人闻名云集此处说书卖艺。

距离魏家庄稍远一些的萃卖场，晚于新市场一年建成，场内同样设有戏院书场，京韵大鼓名家张小轩、白云鹏，相声演员黄金堂（艺名黄小辫儿）父子，有"鼓界皇后"之称的梨花大鼓后起之秀鹿巧玲等著名艺人在此献艺。据《对外开放与城市社会变迁——以济南为例的研究（1904—1937）》记载，至1930年，济南曲坛汇集了梨花大鼓、山东快书、山东琴书、河南坠子、评书、评词等众多曲种。

梨花大鼓为其中翘楚。光绪年间，艺名"白妞"的王小玉丰富了梨花大鼓唱腔，深受济南观众喜爱。清末小说家刘鹗就曾在其作品《老残游记》中描述过"白妞王小玉"的表演："王小玉便启朱唇，发皓齿，唱了几句书儿。声音初不甚大，只觉入耳有说不出来的妙境：五脏六腑里，像熨斗熨过，无一处不伏贴；三万六千个毛孔，像吃了人参果，无一个毛孔不畅快。……几啭之后，又高一层，接连有三四叠，节节高起。恍如由傲来峰西面攀登泰山的景象，……那王小玉唱到极高的三四叠后，陡然一落，又极力骋其千回百折的精神，如一条飞蛇在黄山三十六峰半中腰里盘旋穿插。顷刻之间，周匝数遍。从此以后，愈唱愈低，愈低愈细，那声音渐渐地就听不见了。……这一声飞起，即有无限声音俱来并发。那弹弦子的亦全用轮指，忽大忽小，同他那声音相和相合，有如花坞春晓……"

这些久远的声音已经成为久远的记忆，我们只能借助文字的描述去感受音律的起伏回转之妙。还有一些声音则在口耳相传中留存至今，我们可以借助一代人的口述去尽情想象彼时的热闹。

新中国成立后的那十年里，位于魏家庄的人民商场是济南曲艺演出最集中、最繁荣的所在。据济南曲山艺海博物馆里的介绍，人民商场内有立武书场、文成书场、新生戏院等众多娱乐场所，民间艺人多在此靠说书、唱戏谋生，每天晚上来听书的市民络绎不绝。其中，立武书场为西河大鼓艺人张立武所建，可容纳300多人，演出时，场内座无虚席，场外听众排队等候，盛极一时。山东大鼓艺人郭凤霞，山东琴书艺人邓九如、冯玉凤，山东快书艺人杜永顺，说评书的马合义、孔祥雨，演皮影戏的李福增、李兴堂师徒等都曾在此献艺。

跟城市一样，曲艺也在时代里历经变革。据济南市情资料库的相关史料记载，从旧时代过来的艺人学习政治和文化，说新唱新，为曲艺注入新的生命力，曲艺队伍也进行了一系列的改革，成立曲艺队，组建曲艺团。那些在曲坛久负盛誉的老艺人和年轻演员在其中开始了新的曲艺传承，使得曲艺之路更为长远和广阔。

在一些老人的记忆中，1960年代，济南的广播电台里时常播送郭文秋的经典唱作《送梳子》，就跟今天的流行音乐一样，吸引着无数听众。当年的听众依然记得其中的唱段："全家共有五口人，老老少少三代人，……全家五口生活好，里里外外净忙人。"郭文秋声音明亮清脆，加上她的儿化音，使得唱腔特别好听。尽管只是从广播里传出来的声音，但足以让听众想象出那个全家五口人的生活画面，听得如痴如醉。

郭文秋生前也曾回忆过这一时期的曲艺变革。她自幼学唱河南坠子，几乎没有机会学习知识，后来特意学文化。1958年，郭文秋去参加全国第一届曲艺会演，唱了《送梳子》，凭借之前的文化学习，她对作品也有自己正确的理解，在传统坠子的基础上增强了一些现代感，在会演中一曲打响。在总结大会上还被点名表扬，说青年演员郭文秋说新唱新，为工农兵服务，从来不讲价钱，苦练基本功，与高元钧等另外三位艺人一起，被树立为"四面旗帜"。

而高元钧正是"山东快书"的命名者。《济南通史·现代卷》中介绍了它的渊源发展，山东快书形成于清道光、咸丰年间，于20世纪30年代传入济南，早期艺人于传斌、傅永昌、高元钧、杨立德等经常在济南各商场演出谋生。20世纪40年代起，快书艺人汲取其他曲种的精华，对传统曲目的语言进行净化，使得快书成为观众喜闻乐见的艺术形式。1949年，高元钧在上海灌制唱片时，根据快书的源流、语言、代表性书目内容，正式将其定名为"山东快书"。

"说新唱新"是曲艺在一个时代里的变革特征，但实际上，济南曲艺的有识之士一直在自觉地进行净化，服务于社会。据《济南通史·现代卷》，1931年，济南书词艺员联合会成立，其宗旨便是"改良词曲，化世庸俗，得以辅助社会教育之不足"。

在娱乐方式纷繁丰富的今天，曲艺依然是我们生活里的重要组成部分。传统曲艺形式带着过去的韵味和与时俱进的内容，构建着新的曲艺文化。济南曲山艺海博物馆里留存着它们的过去，而在博物馆之外，我们正亲身经历着它的当下和未来。

（江丹/文）

《曲山艺海博物馆》　姚世宏 绘

第五编

泺源街道

泺水之源：诗意荡漾的街巷

泺水之源，一个清冽美好的称呼。

位于济南市市中区东北部的泺源街道办事处就拥有着这样一个诗意荡漾的名字，它毗邻趵突泉与西护城河，因泺源大街横贯辖区而得名。

赵孟頫有诗《趵突泉》云："泺水发源天下无，平地涌出白玉壶。"它既描述了趵突泉喷涌时跳跃腾溢之美，也揭示了古泺水由趵突泉发源，经西护城河一路欢唱北流，滋养一方水土，最终汇入小清河之去处。

文风聚集之地

泺源之风流，自有趵突泉千百年来"水涌若轮"奔腾不息的滋养，更在于它饱含的人文气息。

山东大学教授、著名历史学者王育济考证济南泉水之起源，认为其与中国最早的文字、诗歌、史书皆同步。

众所周知，中国最早的文字为安阳殷墟的甲骨文。在10万枚有文字的殷墟甲骨片中，有一枚刻有一个"泺"字。自古以来，"泺"都是具有济南鲜明地理特征的一个地名。王育济认为，古往今来，只有济南有"泺"字的地名：它可以指"泺水"，也可能指泺水的源头"泺源"，"泺源"就是"趵突泉"。这是中国古代文献中有关济南的第一次文字记载，距今有近3500年历史。甲骨文中唯一的一个"泺"字与唯一出现在济南地名中的"泺"字，这两个唯一，如同它左水右乐的字形，构成了欢唱的济南泉水史。

有关泺水的确切记载可追溯到2700年前。据孔子整理、删定的《春秋》记载，鲁桓公十八年（前694），鲁国国君桓公与齐国国君襄公曾"会于泺"。

1500年前，北魏郦道元的《水经注》写道："泺水出历城县故城西南，泉涌上奋，水涌若轮。"

唐末五代时期，具备教育功能的书院相继而起。北宋时期，逐渐出现名师硕儒开坛讲学的经馆、精舍。济南书院发展后来居上，自元以后形成规模，留下深厚的书院文化，在中国教育史上具有重要意义。位于今济南泺源大街的泺源书院于北宋初创建，词人李清照之父、著名学者李格非曾就读于此。

及北宋代，兴修水利、奠定了济南城市基本格局和风貌并对城市文化影响深远的曾巩任齐州知州时，利用官府废屋的砖石木料，在时名槛泉的趵突泉附近修筑南北二堂，作为来往官员的客舍。北堂为历山堂，南堂名泺源堂，并撰《齐州二堂记》以记之。

在《齐州二堂记》中，曾巩考证了《史记·五帝记》所云"舜耕历山"的历山所在，"齐之南山为历山，舜所耕处，故其城名历城，为信然也。今泺上之北堂，其南则历山也，故名之曰历山之堂"。

曾巩还记述了当时齐州泉水形成的原因和趵突泉的喷涌之壮观情状。"泰山之北，与齐之东南诸谷之水，西北汇于黑水之湾，又西北汇于柏崖之湾，而至于渴马之崖。盖水之来也众，其北折而西也，悍疾尤甚，及至于崖下，则泊然而止。而自崖以北，至于历城之西，盖五十里，而有泉涌出，高或至数尺，其旁之人名之曰趵突之泉。"曾巩首次为泺水之源记名"趵突"，曾巩以后，济南泉水的命名雅驯化的特点十分明显。

曾巩特意考证了泺水的传说及泺水支脉源流和绕行地段，从而将客舍的其中之一定名为"泺源堂"，赋予泺源堂以深厚的文化意蕴。他写泺水之源，"其注而北，则谓之泺水，达于清河，以入于海，舟之通于济者皆于是乎出也。齐多甘泉，冠于天下，其显名者以十数，而色味皆同，以予验之，盖皆泺水之旁出者也。""泺水尝见于《春秋》，鲁桓公十有八年，公及齐侯会于泺……今泺上之南堂，其西南则泺水之所出也，故名之曰泺源之堂。"

"济南泉水甲天下"虽出自后世，但皆源于曾巩"齐多甘泉，冠于天下"之赞。

商业繁盛之地

泺源一带，记录着古代济南因兴修水利带来的城市发展史和因之勃兴而起的商业史。

宋代之前，此处地势低洼，涌泉沼泽密布。宋熙宁年间，曾巩在大明湖北岸筑汇波楼，疏通城区积水。曾巩之后的1137年，小清河开凿，济南北部泉水被引入渤海，城区由南向北逐渐涸为平陆。

明洪武四年，济南开始了大规模建城，重建城墙，挖掘了护城河，发展为山东最大的商业城市。至明中叶，济南西关一带借趵突泉名胜和西关码头之利，铁业、盐运和丝织业极为兴盛。

开凿于宋代、承担着水陆河海联运功能的小清河，后世多有疏浚，至清乾隆年间，河阔水深，济南的商船可从西关泺源门直抵河海交界处的寿光羊角沟。由文化发达至水路便利，济南商业也日益繁荣。西门桥外护城河边原有一条枕河而建的街市，名字十分美好——东流水。西门桥北的铜元局街和大明湖西南岸边均设有装卸码头。这一路，依河形成了中药材、杂货、绸布、手工艺和小五金等为主的所谓"西关五大行"。济南的商业热点由最初的南关转至西关。

19世纪末，一些铁具作坊集中在济南剪子巷，这条细长的小巷，最宽不过七八米，窄处不过四五米，南接五路狮子口，北与花墙子街相承。不只是剪子，菜刀、锅铲、农具、水车这些农耕社会中百姓生活必不可少的物件，由打铁匠们和着打铁的号子声挥汗如雨地锻造。剪子巷与以铜锡业著称的花墙子街、以竹木制梳篦业著称的篦子巷、以纸盒和白铜首饰业为主的大小板桥街，以及盛唐巷、五路狮子口等一起，成为济南最繁华的手工业、商贸区。

当然，在生活在剪子巷一带的人们的心目中，剪子巷并不只是卖剪子，这里有大旅店，有杂货铺，有小饭庄。

现在旅居美国的鲁安先生，1949年出生在大板桥附近的剪子巷91号。鲁安先生的祖上，于清末年间从长清学买卖，最终落足趵突泉畔，从染线到做纺织，创立了济南志诚制线社。靠着诚信，逐渐积累资金，盘下了这栋石头楼院落。鲁安先生说，附近街上，还有豆家的茶叶庄、老皮家的裁缝店，彭家的布匹店。这些兢兢业业的手艺人，靠着辛勤的劳动，积累财富，也为济南的城市发展做出了贡献。

"有志者事竟成，生意成功唯有诚"，鲁安先生至今记得爷爷给他的训诫。

小桥流水之地

文化与商业繁茂了一方人丁，而小桥流水的独特地理环境，也成就了泺源一带人泉共生的独特风貌。

清乾隆三十六年（1771）《历城县志·山水考》载："泺水又北分二渠名曰夹河，以防水暴涨也。平时东流恒微皆有桥，旧以木为之，名曰大板桥即旧志之广会桥也。"

自古以来，人类居住地往往临水而建、择水而憩。奔涌的泺水，给被泺水萦环的济南城西关地区带来了泉水人家的独特风貌。在位于泺源街道辖区东北部的花墙子街23号，有墙砖刻字："广会街杜康泉　丁酉八月。"有一说，因街西的饮虎池、白龙湾、登州泉、杜康泉等泉水均流经此街东入趵突泉会合，故名广会街。清末更名为花墙子街，沿用至今。

冬暖夏凉的泉水滋养着附近居民的生活。剪子巷两侧的建筑，玉带环腰，很多由长方形青石块垒砌，前店后宅，从邻水的二楼窗户吊一个水桶，就可以直接在河里提水，后门往往有两三青石台阶通向水中，方便妇女们在清澈的泉溪边浣衣洗纱。夏日泉水清洌，冬日雾气温润，一派水乡风光，不似在江北。

这样的生活，在明代诗人王象春的《济南百咏·北溪》中被体现得生动美好："一曲溪流一板桥，浣衣石面汲泉瓢。家家屋后停织女，树底横舟手白摇。"

在鲁安先生的记忆中，剪子巷一带，有趵突泉喷涌出的潺潺流水，有上下波动的墨绿色荇草，鱼虾螃蟹在水草中时隐时现，甚至在河边的青石板缝隙中"安营扎寨"。在河里游泳的小伙伴们，可以从大板桥一直潜水到小板桥，也可以在小板桥上扎个猛子，游向西门桥。夜深时，剪子巷上卖小吃的吆喝声此起彼伏，有卖八宝粥的，有卖心里美脆萝卜的，也有卖他最爱吃的五香味鸡鸭肫肝的。

泺源一带地下水位高，雨季泉水丰沛时，青石板路下暗流涌动，甚至沿缝隙溢流上来，"清泉石上流"是这一带居民的生活常态。

据鲁安先生考证，铺设街面的大青石是南山古生代末期的石灰岩，特别坚硬，但又清脆。酷暑时节，正午一顿暴晒后，如果被一场突如其来的暴雨一激，有的青石板就裂开来，呈现出各种不规则的缝隙。他说，这些裂纹开裂得潇洒自如，透过这些裂纹向街面自动喷涌泉水的现象，是人工难以设计出来的，这是大自然的鬼斧神工。

中国台湾作家、美食家唐鲁孙的《济南的泉水和鱼》记录了他在剪子巷的所见所闻："城南有条叫'剪子胡同'的路，不论天旱天雨，这条街总是积水盈寸，路人都得自两旁骑楼下绕道而行。当年张宗昌为山东督办时，曾命人在剪子胡同加铺一层三寸厚的石板，怪的是三寸的石板铺上了，水却依然漫出一寸多。这石板下的泉水，夏季凉透心扉，可冰水果；冬季蒸汽迷蒙，有如温泉。掀开石板，水中密密长满绿如青苔的长水草，成群的青草鱼悠游其间，其肉既鲜且嫩，毫无腥气，其外观与中国台湾的草鱼类似。我的朋友王笠谦曾任山东电报局长，他家就住在剪子胡同。有一回我在他家做客，他带我到后花园，吩咐用人把花圃中的石板撬开一块，只见其中泉水淙淙，垂手一捞便是两条生蹦活跳的青草鱼，那情景真是又有趣又神奇呢！"

（徐征/文）

《市中新现许多峰》　张民生　绘

上新街：济南近代民居样板

　　1956年10月8日，著名作家沈从文以历史博物馆文物工作者的身份南下，第一站为济南。沈从文居住在广智院的小楼上，到山东博物馆看了陈列和库房，去当时的山东师范学院参观了文物室。正是秋高气爽，工作之余，他很有雅兴地去趵突泉、大观园一游，并登高千佛山。在济南的短短五天中，沈从文给妻子张兆和写了九封信，字里行间，都是所居住的这一片区的安然宁静："济南住家才真像住家，和苏州差不多，静得很。如这么作事，大致一天可敌两天。有些人家门里边花木青青的，干净得无一点尘土，墙边都长了霉苔，可以从这里知道许多人生活一定相当静寂，不大受社会变化的风暴摇撼。但是一个能思索的人，极显然这种环境是有助于思索的。它是能帮助人消化一切有益的精神营养，而使一个人生命更有光辉的。"

上新街开街与劝业场

　　极爱思索的沈从文，显然从济南这一片街巷中寻到了营养。这片花木青青的街区，就是包括上新街南新街在内的济南南关与西关交界的片区，这里曾经承担了济南城的文化重任，也一度有一处繁华的国货商场。

　　如今属于泺源街道的上新街，位于趵突泉以南，北起今日的泺源大街，南接文化西路，地势南高北低，落差数米，自北而南，取步步高升之意，称"上新街"。

开街前，这里是济南城的西南郊，多农田畦地，少数民族居民从事商贸。1904年，浸礼会在青州开办的博古堂迁至济南，在南圩子外、现在的上新街以东开始兴建院舍，成为教会在中国兴办的最早的博物馆之一，是为广智院。1908年，教会背景的山东基督教共合大学又在附近强购土地545亩，即如今的山东大学趵突泉校区所在地，后与多校合并，使用齐鲁大学作为校名。地方政府专门在南圩子城墙上辟"新建门"。民国初年，上新街形成街道。这里尚属城郊，荒僻寂静，没有商号，不像西关和南关那么繁华，距离却也不远，加上附近的文化氛围，吸引了众多商贾名流来此建房。

1924年《续修历城县志》附"济南城厢图"中，街南段标注上新街，街北段标注半边店街（即饮虎池前街）。1980年换制门牌时，将饮虎池前街、上新街棚户并入，统称上新街。

说到这里的发展，不得不提到济南开埠时的山东巡抚周馥。周馥非常重视民族工商业，1902年，他命令山东农工商务局在万竹园对面建造了一个工艺局，后更名为工艺传习所。传习所提倡实业，以传习工艺为宗旨，下设铜铁、毛毯、花边、织布、木器、洋车六个工厂，还经营传统的金作、木作、丝作以及刺绣等货物。

工艺传习所的设立，在这一片区域形成了重视民族实业的传统。工艺传习所也是山东督办张宗昌兴建的劝业场的前身，1927年，张宗昌令趵突泉商场内外大小摊贩限期迁到这里。20世纪30年代，举国抵制洋货。此时为韩复榘主鲁，劝业场又于1934年改称国货商场，禁卖洋货，并附设国货陈列馆，每年都举行国货展览和国货竞卖会。国货商场中，有百货店、食品店、布店、鞋帽店、理发店、照相馆、电影院、书店、旅馆以及骨科、牙科、皮肤科等门诊，还有游艺场。著名鼓书艺人谢大玉、孙大玉、王大玉与"鼓界皇后"鹿巧玲常在此表演，被称为"三玉一皇后"，外地的戏班也常在此搭台唱戏。1930年代，老舍先生客居济南在齐鲁大学任教时，常在此听吴景春、吴景松的相声。国货商场一时成为包罗万象的游乐之地。

花木青青墙有苔

上新街北半部分的原饮虎池前街，居民大多数是回民。老舍先生的好友、回族武术教师马永魁就住在这里。在老舍先生的小说《断魂枪》中，名震江湖的世外高手"五虎断魂枪"沙子龙就被认为有着马永魁的影子。济南文化学者周长风和李耀曦曾找到了老舍先生为表感谢赠予马永魁的一把折扇，扇面上详记了老舍随马永魁习武的因由："去夏患背痛，动转甚艰。勤于为文，竟日伏案，寔为病根。十年前曾习太极与剑术，以就食四方，遂复弃忘。及病发，谋之至友陶君子谦，谓：'健身之术莫若勤于运动，而个人运动莫善于拳术。'遂荐马子元先生，鲁之名家也。"子元即马永魁的字。老舍还在扇面上写下了他随马永魁习太极、查拳、洪拳一年后的神清气爽，"每日晨起，自习半时许，体热汗下，食欲渐增，精神亦旺"。

折扇另一面是画家关友声所绘泼墨山水，上题"空山新雨后，峭壁挂飞泉"。关友声在20世纪30年代亦住在饮虎池前街，居所名称雅致，取《诗经》"嘤其鸣矣，求其友声"，为"嘤园"。老舍与关友声私交甚笃，他常从南新街到嘤园，下棋谈天。在济南的几年，应是老舍先生一生中最为惬意的时光。

新中国成立前，上新街一带曾有花木经营户10余家。这里的居民，多在庭院里种植海棠、桂花、碧桃、榆叶梅等花木，养植盆花，或在壁棚下栽种葡萄，条件好的还建有花园。

这样的树影花影，与青砖小院、晨钟暮鼓，给了当年的沈从文先生以隔世之感。他写道："窗口恰恰是那一弯新月，鼓声繁密充满一种幼稚单纯的情感，很奇怪，越响我似乎越和它离得极远。"

这样的单纯，正是上新街所代表的清静而从容的生活。

济南近代民居院落之证

商业的繁荣，以及附近齐鲁大学、广智院博物馆等文化场所，带动了上新街街巷的成熟。

济南文化学者李耀曦认为这一片是济南人文价值最为集中也最具价值的片区，可以视为济南近代城市文化的地标。这里的居民，有齐鲁大学的学者、政府的高官、洋务代办以及民族企业的创办人。多元文化的影响，使上新街一带的民居呈现出中西合璧、风格多样的面貌。这些老建筑最早的建于清代，前后绵延几十年，大部分是硬山屋顶砖木结构，有北方传统民居，有里弄式传统民居，也有中西融合式民居。

位于上新街35号的景园是清廷两淮节度使王占元的故宅，青砖墙中，中西风格混杂的门楼高耸，正中青石上镌刻着两个颇为苍劲的大字"景园"。

上新街80号颐园的院主，则是北洋政府掌管山东事务第五镇的官员。新中国成立后，其嫡孙刘崑一直住在三进院子的上房。颐园为"山"字形雕花西式门楼，门前残存着两个抱鼓石底座。院内为四进院落，前三进是传统的四合院，高阔大气，用料工整，前有出厦、回廊；最后一进是花园。在2号院与3号院两门之间为一牛角花脊砖雕照壁，线条流畅漂亮。三棵香椿荫蔽大半个庭院，古韵悠长。值得一提的是，20世纪30年代中期，这里曾是山东地下党组织的秘密联络点。1936年夏天，中共山东省委书记、北方局代表黎玉化名冯寄雨在此居住过几个月。黎玉去世前的1985年，还专程来此寻访当年的木芙蓉。

与80号院相邻的上新街64—78号里弄门口有一块"济南市历史建筑普查建筑"的标牌，将此处标为"原田家大院"，这是一处里弄式传统民居建筑，济南人称为"田家大院里分"。据著名语言学家钱曾怡先生所编的《济南方言词典》，济南的"里"是由方言"胡同"和"里弄"演变而来。

田家大院宽阔高大的近代拱券型山字门楼内，两旁是东西对应排列的六个独立的民国风格小院落，北端有两大对应四合院。前六个院落用料、

《上新街80号·原山东地下党秘密联络点》　徐以庆　绘

结构相同，条石压顶的石墙群、厚重工整的红砖墙、菱形压砖的房屋檐以及四面坡形红瓦顶和青砖垒砌的庭院门，工整洁净，显现出独特的近代民居建筑风格。北端的70号院则是一处较大的老四合院，宽阔的正房和两侧的厢房基本保留了中式古建风格。历经几十年风雨，田家大院还保持着旧时的样子。田家大院与上新街46—54号的沙家公馆都是非常好的济南近代民居样板。

上新街南段的120号，曾经居住着京剧表演大师方荣翔。童年时居住在上新街的马连成先生说，方荣翔经常路过他家大门口，到街北清真熟肉摊上买吃食，就像京剧大师马连良先生喜欢"葱爆羊肉"一样，方荣翔先生也爱吃老西关的酱牛肉、羊肚、羊肝等特色清真食品。

上新街西边不远处是"徐家花园"，名为花园，却不见花园，只是一片四合院小区。1917年，军阀徐鸿宾在此购地约1公顷，建私人住宅和花园各一处。形成街巷后，徐家花园被引为街名。原徐家住宅和花园几经改建，1966—1976年，将街内之崇厚里、清真里并入，统称徐家花园。

这一片原有济南七十二名泉之第九泉石湾泉，已填埋。据《历乘》载："石湾泉，石湾池接槛泉南，涌出清流味更甘，旋汲井花烹石鼎，嵾华秋净暮烟涵。"另据1924年《续修历城县志·山水考》载："石湾泉，玉壶堂西廊下，源塞数载，其流改入酒泉。"

济南市考古研究所所长李铭先生曾依据自己的调查素材写成了《关于对济南上新街片区近代特色民居院落及建筑进行保护性开发的建议》，提交相关部门。他认为，考证济南近代民居院落的发展轨迹，上新街不可或缺，这种里弄式的组合院落在全市恐难以找到。而且，上新街毗邻趵突泉，在万字会、广智院、原济南共和医院和原齐鲁大学旧址这一区域内起到了纽带作用，这种区位优势尤为珍贵。

如今，上新街片区正在等待城市更新项目的实施。这里的居民在等待生活、居住条件的改善，而上新街的传统建筑，也在等待继续讲述属于它、属于城市的故事。

（徐征/文）

《上新街万字会旧址》 吴疆 绘

母院：近代复古建筑中的杰作

在济南市上新街南端，山东剧院东邻，有一组气势宏大的仿古建筑群，这就是母院（又通称万字会、道院）。母院南北长约215米，东西宽约65米，总占地面积为14847平方米，是一座具有晚清建筑风格的大型宫殿庙宇混合式建筑。整组建筑保存完好，是近现代仿古建筑中最完整最壮观的建筑群，也是中国近代复古建筑中的优秀作品。它创造了用钢筋混凝土结构完全模仿宫殿大木作结构的典型实例，在全国也罕见。母院现为山东省文物考古研究所使用，是山东省重点文物保护单位。

五教合一　扶危助困

沈从文曾称母院为"20世纪道教回光返照的最后一座建筑"。

"母院"这一名称的来源还得从道院说起。道院成立于1921年，主张所谓五教合一。他的会务活动范围很广，如：修炼、救济、医疗、育婴、扶残等。正因为它的活动带着总括五个教务的性质，所以范围很广。到清末何素璞任统掌的时候，就以世界红十字会名义呈准当时政府立案，总会在北京，济南成为分会，济南道院被称为母院。约在1936年以前开始捐集款，大兴土木，建了这片宫殿和庙宇混合式的庞大的建筑群。

母院拥有中国传统建筑群风格，主要建筑分布在中轴线上，依次为影壁、二山门、前殿、后殿、晨光阁。中轴线上各建筑由南往北，逐渐抬高，层次分明，使得整组建筑群看起来宁静幽深、富丽堂皇。

宏伟的建筑群

母院主要建筑都在南北中轴线上，但是两座大门却分列东西两侧，这在全国宫殿、寺庙和民宅中是少见的。东西大门的建筑形式完全相同，东大门现为进出母院的主要大门。东门正面为西门。

进东门为整组建筑群的前院，前院南端为济南市最大最豪华、档次最高的一字形无殿顶影壁墙，影壁墙墙体用大型方砖砌筑，两侧均有用黄绿琉璃构件装饰的花卉图案。这种考究的影壁墙和故宫里不少影壁墙的琉璃雕花构件非常相仿。影壁位于前院南围墙正中，影壁外是文化西路，内正对着万字会的二山门。

二山门用钢筋混凝土浇筑，梁架上绘满官式彩绘。进二山门是二进院落，二山门两侧分列东西厢房，东西厢房两侧均有廊房与东西厢房相接。东西厢房前廊则与二进院落北侧的前殿连接。前殿是二进院落的主要建筑，为七开间歇山顶建筑，四周均有回廊。二进院落的所有建筑都是通过廊亭连接，这个院落面积比一般庙宇要大得多，院内有花草假山，整个院落幽雅庄重。

绕过前殿进入第三进院落，就会发现它更为壮观大气。宽大的主甬道用大方砖铺成，甬道直通后殿，后殿为九开间庑殿顶建筑，四周都有回廊。后殿比前殿要高出许多，体量也比前殿要大。整座建筑的梁架斗拱由钢筋混凝土浇筑而成后，再经精雕细刻，工艺非常复杂。第三进院落比前两院都大得多，在济南市寺庙和住宅建筑当中，是最大的独立院落。

由后殿回廊往北为母院建筑群后院，后院东西各建有一座八角形重檐攒尖顶亭，檐檩斗拱均有官式彩绘，门窗均为木制民族式花格棂门窗。但是门窗都有不同程度的损坏。

站在八角亭前面往北看，就会看到高大的晨光阁，晨光阁主楼为三开间，东西两配楼为两开间，后坐约一米，使整个建筑错落有致。一楼东西两侧各有一木制楼梯通向二楼，二楼楼顶和阁楼之间有一长方形蓝匾，上写三个金字"晨光阁"，此阁的建筑形式很像北京雍和宫万福阁，建筑档次很高。

值得一提的是，所有建筑都用民国时期特制的大型磨光灰砖砌筑。

精美的雕刻艺术

沈从文先生对母院的观感是：一个绿琉璃瓦顶庞大建筑群，有许多房子，前边还有大照壁一，高桅二，后楼一座则仿佛宋人画的仙山楼阁。四围长墙又高又结实，路是石板路，这才真是民族形式！

母院整个建筑群的屋顶构架、梁柱、斗拱均按清式大木作，用钢筋混凝土浇筑，台座没有作成须弥座，用花岗石砌筑的台基，顶棚部分为西洋式。整个建筑群的前三个院落和最后一个院落的建筑风格有所不同，前三个院落的建筑门窗均为西式上下两层玻璃木质门窗，使屋内光线良好，使人不会感到古建筑的阴森感，墙外并留有自然通风孔；后院晨光阁、八角亭则为民族式花格棂门窗。

母院整组建筑群，在装饰雕刻艺术上有着丰富的成就，特别是木雕、石雕。据说当时建造该组建筑时，集合了北京和曲阜许多高级工匠。复杂的斗拱全部是人工雕刻而成，刀法流利，刻工精细，构图丰富多彩，充分反映了我国古老精湛的雕刻艺术。梁架斗拱上的彩绘，也都继承了我国古代建筑的优秀传统。

（徐征/文）

山东剧院：济南城的演出史

　　位于济南市文化西路117号的山东剧院，坐北朝南，占地16.5亩，建筑面积5709平方米。这座建于新中国成立后的仿古建筑，正面4根朱红色的门柱擎着高大的灰瓦屋顶，檐下装饰花纹，屋脊上排列着民族崇尚的图腾，古色古香。

　　自1954年底建成开业以后，山东剧院承载着新中国成立后山东文化演出浓墨重彩的一段历史。

一座民族形式的仿古建筑

　　据当时在山东省文化事业管理局工作的周正生前回忆，1953年初，筹建山东剧院的事情被提上了重要日程。当时省里已经有好几家省直剧团，却没有一处固定的演出场所，省文化局领导指定让周正负责筹建并兼任首任经理。

　　山东剧院的建设预算为46万元（旧币46亿元）。这是一个在当时不算少的数额，但要建一座理想的剧院，显然不够。

　　筹建之初选中的是人民商场附近的一块地，但地没有拿到。最终，文化路西首的一片被用作垃圾场的空地被选为山东剧院建设地点——这里又偏又脏，不用找单位协商，也不用拿钱。

提出设计风格方案民族化的，是省内的顶尖专家、省建筑设计室主任张协和，他当时表示，设计必须按照梁思成的建筑设计学，体现民族风格和民族气派，大屋檐式，与相邻的省博物馆相协调。最终，由倪欣木负责的设计方案通过了审核，就是如今我们可以看到的这个民族形式的仿古建筑。

1953年5月13日，山东剧院破土动工，由省建筑公司施工。虽然在建设中每一分钱都要算计着花，但是无论是建筑队伍还是建筑材料，都选用了最好的。文艺界有物的出物，有人的出人。剧院二层整体浇筑时需要挑灯夜战，调了省京剧团的灯光设备来照明，一些单位还经常组织人来义务劳动。

山东剧院是济南第一家安装暖气的演出场所，暖气设备整体预算为6万元。建设者们四处打听，选购性价比最好的锅炉。为购买一个水泵，剧院的青年职工李进道去天津，一个人乘火车把几十斤重的水泵背了回来。管道安装时，周正去上海，托老战友们四处打听，在一个门头店里找到一位安装师傅，签好合同，仅用2000多元就完成了暖气管道的安装。最后算下来，剧院的暖气工程只用了4万多元。

剧院最后的总投资共60万元，于1954年建成，1955年元旦正式营业。

建成后的山东剧院是一座典型的民族风格仿古建筑，坐北朝南，占地16.5亩，建筑面积5709平方米。剧院正面，四根朱红色的门柱擎着高大的屋顶，灰瓦覆顶，檐下描绘着古色古香的装饰花纹，屋脊上排列着民族崇尚的图腾。前厅三面是雕花扶手转廊，两壁装饰有国画。观众厅分上下两层，设软席座位1300个。厅顶装饰25个大方格，每格有彩色霓虹灯环绕，格内为通风口。

为剧院命名时，有过几个方案，如"山东剧场""山东艺术剧院"等，最终确定为"山东剧院"。牌匾上的四个字是鲁迅先生的笔迹。筹建者们从省博物馆副馆长秦亢青那里借来了几本刊载鲁迅日记手稿的书籍，"山""东"各找出了十几个，"剧""院"各找了六七个，精挑细选，从字形大小、笔势等各方面，挑选出了现在我们所看到的"山东剧院"这四个字，由建筑部门一位对古建筑雕刻绘画颇有造诣的田师傅选取了一种古建筑的落房料，精心刻制漆绘完成。

名角名剧在此一展风采

在山东剧院的演出史上，除了本地院团，无数的名角名剧在此一展风采，梅兰芳来过，常香玉来过，周信芳来过，张君秋来过，徐玉兰和王文娟来过，上官云珠、王丹凤、夏天带着他们的《雷雨》也来过。

1954年12月31日，山东剧院举行了隆重的开业典礼。此前几天来济的上海越剧院当天举行了首场招待演出。1955年1月1日，山东剧院正式开业，开业后的头炮戏是上海越剧院的越剧《春香传》，当时分别饰演男女主角的演员就是后来因拍摄越剧电影《红楼梦》而家喻户晓的徐玉兰、王文娟。山东的观众对有语言差异的越剧表现出了极大的热情，剧团连演20多场《春香传》和《红楼梦》。

曾经家住上新街的马连成先生，至今还记得20世纪80年代跟着家里老人去山东剧院看演出的情形。当时，山东省京剧团声名显赫，每次演出都是座无虚席。爱听戏的爷爷经常收到来自老街坊的方荣翔先生的"送票"。

开业第一年，上海华东京剧院的周信芳一行来山东剧院演出。周信芳是省文化局局长王统照旧友，来济南演出时，王统照自掏腰包在西门外江家池畔的汇泉楼饭庄宴请周信芳，由周正作陪。

江家池名池，实为泉，曾因水面如镜被取名"天镜泉"，原先，附近百姓喜欢在泉池中放养鲤鱼。清道光年间，池北建饭店，名德盛楼，1941年改为汇泉楼饭庄。汇泉楼为一水榭式建筑，环境优美，糖醋鲤鱼是其特色。饭庄将黄河鲤鱼养在池中，吐沙数日，客人可临池点鱼，厨工当场杀鱼加工，改百叶花刀，挂糊，提尾下油锅炸熟，浇上糖醋汁。

这餐饭，宾主吃得朴实节俭又愉快尽兴，据周正生前回忆文章："厨师捞上一条大鲤鱼，征询怎么吃。王局长说，来个一鱼双吃，半条糖醋、半条红烧。另又点了一个爆炒腰花、一个凉拌，共四个菜。"

赏泉观鱼，有老友相伴，又有外酥里嫩酸甜可口的糖醋鲤鱼，周信芳想必十分惬意。

有意思的是，王统照先生与黄河鲤鱼相关的文脉故事早已有之。1923年，他的好友、诗人徐志摩来济南，王统照在徐志摩坠机逝世后所作的《悼志摩》中写到了好友当年的好兴致："他当时的兴致是那样好，晚上9点多了，还一定要去吃黄河鲤鱼，吃后并啧啧称赞：'大约是时候久了，若鲜的一定还可口！'……饭后10点半了，他又去逛大明湖。"

梅兰芳的最后一个生日在济南度过

在周正的家中，一直保留着一张梅兰芳弟子李慧芳在山东剧院门口给梅兰芳献花庆生的照片。这记录了山东剧院这座著名的建筑和它的建设者与京剧大师之间的一段有情有意的故事。

作为曲山艺海之地，济南与梅兰芳的渊源，早已有之。新中国成立前，梅先生就曾几下济南，在北洋大戏院和进德会为泉城观众演出。

周正之子周雪平先生曾经向父亲询问过这张照片的事，并写下整个故事的前前后后，山东剧院建成之初，周正和王统照曾几次赴上海和北京的梅宅拜访梅先生，不巧梅先生都不在家。直到1960年春，周正又一次到了北京的梅先生家，周雪平在他的文章中写道："进梅宅时是早晨8点钟左右，梅先生正在院中舞剑。进屋落座后，父亲向梅先生转达了山东的文化部门和广大观众热切盼望梅先生到山东演出的愿望，顺便提及几年前的两次拜访。梅先生说，王统照先生的信见到了，山东已经很多年没去了，今年无论如何一定要去山东演出。"

1960年10月14日，新中国成立后梅先生的第一次赴鲁演出终于成行。整个演出自10月15日开始，至10月31日结束，长达17天，包括两场招待晚会和两个日场，共演出19场，场场爆满。这次演出名角荟萃、剧目丰富。梅兰芳亲自出演了自己舞台艺术的精华之作《贵妃醉酒》《霸王别姬》

《凤还巢》《宇宙锋》《穆桂英挂帅》等。

在演出过程中，负责接待的周正无意中从梅先生的秘书许姬传先生处得知，10月22日是梅先生66岁的生日，他们本想等过完生日再来济，但梅先生为了自己的承诺，认为不宜再拖，这次因缘巧合的演出遂成行。周正本想由山东方给梅先生祝寿，但许先生说，梅先生不事张扬，不愿意让大家为自己分神。

10月22日当天，周正准备了一束鲜花，找到梅先生的弟子李慧芳，在山东剧院门口给梅先生献花祝寿。周正用借来的一部德国相机，留下了这动人的一幕。当晚，梅先生演出了梅派经典剧目《霸王别姬》。

次年8月8日，梅先生去世，这张摄于山东剧院的庆生照，也成为他生前最后一张祝寿照片。

（徐征/文）

回民小区的民族风情

从永长街南口向北，就进入了泺源街道回民小区，恢宏的清真南大寺位于街口，沿路两侧多小食店，烟火气十足。回民小区位于济南的城市中心地带，与苍翠的趵突泉公园一墙之隔。自元代始，回族在济南西关一带聚集生息，对这座城市的发展产生了深远的影响。

大街小巷

东邻趵突泉公园的泺源街道回民小区为济南老城的西关地区，旧有城顶街、永长街、石棚街、旧新街、盛唐巷、礼拜寺巷、仓巷等老街巷。1992年拆除街巷民居，改建小区，1996年建成居民小区，开始回迁。如今的回民小区占地34公顷，共有63座居民楼，是济南市规模最大的回族聚居区，也是山东省比较集中的城市回族居住区和生活区。

回族沿黄河和京杭大运河迁入济南，已有千年历史。关于这个社区的最早记述，出自清真南大寺明弘治八年（1495）《济南府礼拜寺重修记》："礼拜寺旧在历山西南百许步，厥始莫详。大元乙未（1295）春，山东东路都转运盐使司都运使木公八刺沙，奉命撤寺建运盐司，乃徙置于泺源门西锦缠沟东，聊建殿楹，立满喇艾迪掌焚修事。"清真寺建成之后，西关的回族民众就在其周边日益聚集。明崇祯版《历城县志》中云："趵突泉大街西抵杆石桥，又西灵官庙及西南孔道回营，杆石桥东皆色目人所居。"

济南老城西门外是由济南北上的必经之路，历来热闹。清同治五年（1866），济南东南西三面的土圩改建为4米高的石圩，还修建了7座城门。清光绪年间，疏浚小清河，据《续修历城县志》载："商船自羊角沟来者，可以直达泺源门，于是附城隍左近隙地悉成庐舍。"西关地区由此定形。这个民族聚落，以济南西城墙和西圩子墙为东西边界，东至五路狮子口，南至上新街，西至顺河街，北至城顶，形成了以永长街、西青龙街为干，礼拜寺巷、饮虎池街、长春观街、麟趾巷、城顶街等穿插的"大街小巷"的风貌。

已故济南教育家严薇青曾在《西门桥下的帆船》中写道："本世纪20年代至30年代，小清河的船只可以溯流而上，直达济南西门桥下、现在汇泉饭店稍北的河面上。当时西门外护城河的水位很高，河身也宽，河中可以并列两排船，从桥下往北，前后接连不断，直到现在山东造纸厂东厂的门前。船只停泊之后，把跳板搭在岸上，可以随时装卸货物。"

既是交通要道，济南商业也由南关转至西关。济南西关的商业，在清代有"五大行"之称，中药材、杂货行、绸布行、鞋帽行、手工业。 在五大行的带动下，晚清的济南西关尽现回族商业的精华。回族百姓历来以经营牛羊肉、风味小吃、干鲜果品为生计来源，彼时商铺林立，光清真饭馆就有六七十家，肩挑手推摆摊者亦众。年节时的油香、粉汤，宴客时的清真八大碗、椒麻鸡，日常的馓子、马蹄烧饼、酱牛肉、糖炒栗子、炸绿豆丸子、花生米以及蜜三刀、萨其马、百子糕等各类清真糕点，活色生香。

如今，回民小区的清晨，属于一家挨着一家的早点铺，甜沫、烧饼夹牛肉、烧卖、馄饨、牛羊肉蒸包，炸绿豆丸子，琳琅满目。传统的马蹄烧饼，皮瓤分离，外面酥脆，内里暄软，面香、焦香、芝麻香四溢。

南北大寺

从泺源大街一拐入永长街，路西即是坐落于永长街47号的清真南大寺。

《永长街南大寺》　徐康　绘

　　清真南大寺是我国伊斯兰教早期著名清真寺之一，也是济南市最古老、最宏大、最完整的清真寺建筑群体，占地面积6000多平方米，大殿面积1200余平方米，寺内古柏荫地，花木相映，幽深肃穆。它始建于元贞元年（1295），由原历山顶乌满喇巷迁址于此，始有楹殿数间。刘致平先生的《中国伊斯兰教建筑》中将南大寺的建筑规模分为四个阶段：1295年建成时只有礼拜大殿，明弘治五年（1492），扩建成四合院带二门的规模，清同治十三年（1874），扩建成如今的两进两门四合院的规模，始有今日山东第一清真寺的宏大规模。1936年，又将邦克楼和大门改建成中西结合的建筑样式。

　　清真南大寺寺门上的"清真寺"牌匾，由回族著名书法家金芬书写，字迹清新质朴。大寺依地势而建，西高东低，入得寺门，步步登高，整个寺院以照壁、邦克楼、望月楼、礼拜大殿为中轴线，由望月楼将之分为前后两个四合院。

　　由云阶登望月楼而过，即来到巍峨的礼拜大殿。大殿分前殿、后殿、抱厦三部分，飞檐斗拱，蔚为壮观。前殿为歇山顶，后殿为庑殿顶，为典型的中国古代宫殿建筑特色。殿内有大木隔扇十二个，巨型圆窗四个，均为木雕透棂的《古兰经》文，属罕见的中国伊斯兰艺术珍品。抱厦内名人匾额和各类碑刻诸多，其中明弘治碑是山东伊斯兰教保存最为完好、最早的一块碑刻，也是研究山东暨济南伊斯兰教史志最为可靠的资料之一。

　　清真南大寺中处处有着民族融合和市民生活的痕迹，在礼拜大殿的木隔扇上，雕刻着典型的济南山泉胜迹。而寺内著名的文化遗存是伊斯兰教汉文碑铭来复铭碑。明嘉靖七年（1528）刻石，碑文凡9行155字，以宋明理学概念阐述伊斯兰教的基本教理，对研究伊斯兰教与中国传统文化关系有一定价值。

　　由永长街向北，即是济南清真北大寺。北大寺始建于明弘治年间，清嘉庆、道光、光绪及民国初年至今均有修葺，1979年被列为济南市第一批重点文物保护单位，2015年被列为省级文物保护单位。

　　清真北大寺也是一座规模宏伟、布局完整、风格独具的建筑。全寺坐西朝东，大门正面悬挂一方镌刻金字的漆黑木匾"清真北大寺"，笔力遒劲，为书法家范岗亲书。门前有巨型影壁一座，主体建筑大门、二门、礼拜大殿、望月楼、配殿等，排列在一条东西走向的中轴线上。寺的二门建筑形式秀丽别致，木制起脊配有彩饰素雕，别具风采。二门前两侧有一对精工刻制的小石狮，据考古专家鉴定乃明代之物，这也是确证北大寺历史的珍贵实物资料。

北大寺的礼拜大殿亦为中国宫殿式古典建筑，其建筑为砖木结构，大木起脊，重檐歇山三勾连搭式，斗拱屋顶，飞檐翘角，与寺内的翠柏古槐相映生辉，浑然一体。在大殿抱厦上方，是清光绪直隶总督李鸿章手书的"清真古教"匾额复制品，寺中至今仍收藏有已残缺的原件。

麟趾辉煌

在回民小区的老街巷中，唯一保留旧貌的老街是麟趾巷。这条老街，明代已有人居住，至清时，因街上建有养济院而名孤贫巷。清乾隆《历城县志》记录了麟趾巷的更名过程："曰麟趾巷，旧名'孤贫巷'。"麒麟是中国古代的祥兽，由"孤贫"而至"麟趾"的名称沿革，寄托了人们对富裕吉祥生活的向往。

这条当年连通城顶与麟祥门的老街，长约460米，宽仅4米。如今看来狭窄僻静，当年却是一条交通要道。济南开埠后，商埠区迅速繁荣起来，1908年，为交通方便，老城开普利门，1916年，又开麟祥门，南关一带的商贾摊贩，向西前往大观园、新市场一带，须经山水沟、大板桥、五路狮子口、长春观街、麟趾巷的这条近道西去。

沿麟趾巷自东向西，很容易被位于路北的麟趾巷3号吸引，进大门为一四合院，东窗为拱券式。小院东侧，有两栋南北相连的二层楼房，朴实而厚重。小楼为块石基础，青砖墙体，两面坡瓦顶，在腰线与二层的檐头四角处，压砌有长条的大青石，这也是济南传统的砌筑手法，为增加安全用。

院门口金色的铭牌由济南市人民政府颁发，镌刻着"张家老宅、庆记煤油店旧址，建于民国，硬山屋顶，砖木结构，前店后宅"的字样，记录了张家旧日的兴旺。

20世纪20年代，张家以煤油起家，曾代理过"美孚"石油产品，1936年，共经销煤油2785吨，占外商当年运进济南煤油总量的一半还多。富足之后，张家又转投房地产业，至张学仁一代，已拥有院西大街的齐鲁金店、经二纬四路的第一百货商店等房产，其财产仅次于金家。

如今，麟趾巷最为赏心悦目的建筑，来自金家。

金家是济南官商大家。据传，清道光年间，金家的"志"字辈有人中举，后官至知府，其宅门楼上悬"文元"金字牌匾。后来，金家的"衍"字辈传人将家财投放到商业上，在西关一带广置铺房，如估衣市街上的万和堂药店、天德堂药店、经文布店、北厚记酱园，筐市街的春和祥茶庄，院西大街的一大货栈，以及普利街的部分商铺等，都是金家拥有的房产，富甲一方。

金家大院亦是庭园深深，大门在永长街，后花园则在麟趾巷。1933年，金家后人金树鑫在后花园内建起了一幢二层洋楼，双坡屋面，红瓦红墙配白色廊柱白色窗户，令人耳目一新。如今，这里是济南市伊斯兰教协会的办公地点。由南侧六级云阶登上去，是三开间、二层的外柱廊，柱头为仿欧古典的爱奥尼克样式，栏杆上为造型丰满的宝瓶式立柱。

在小洋楼西南，别有洞天地建了一座假山，规模不大却样样俱全，有峻石奇峰，有小径通幽，山上还有一独具匠心的六边形小亭。

红色记忆

在北大寺的一处展馆，我看到了一个动人的红色故事，故事的主人公是中国共产党早期女革命家、妇女解放运动的先驱者之一郭隆真。

郭隆真曾在结婚当天公然反抗包办婚姻，婚礼成为她宣传女性解放、救国图强的讲堂。郭隆真牺牲后的1944年，刘少奇评价说："隆真同志掀开花轿门帘，把封建传统旧礼教一手抛开，没有极大的勇气和反抗精神是做不到的。"

1919年五四运动爆发后，郭隆真与周恩来、邓颖超等参加并领导了天津学生五四运动，倡议组织天津女界爱国同志会，9月参加出版《觉悟》杂志，宣传革命思想，并与周恩来等组织觉悟社。

1930年8月，郭隆真任青岛市委宣传部长，赴青岛途中，她曾在济南停留，在回民小区一带开展群众工作。她经常到坐落于永长街的清真女寺，和女穆斯林一起谈教门、拉家常，宣传革命道理。郭隆真平易近人、口才好，被敬重而又亲切地称为"小师娘"。

当年11月，郭隆真在青岛被捕，1931年4月5日，与中共"一大"代表邓恩铭、中共山东省委书记刘谦初等20多名共产党人被杀害于济南纬八路刑场。

郭隆真牺牲后，军阀韩复榘执法队中的一个回族士兵传出消息，遇害人中有"郭师娘"，济南回族群众得悉这一消息后义愤填膺，冒着生命危险把烈士遗体连夜运到位于经七纬一路口的清真西寺，请了住在西小仓街的白师娘（女宗教职业者）为烈士料理沐浴全身。丁绍志阿訇等30多位阿訇、乡老参加了殡礼，将烈士安葬在南坡义地。曾担任过省市人大常委的南大寺已故教长马德贵阿訇当年年仅9岁，正在西寺学经，他参加了郭隆真的殡礼，亲自见证了当年发生的一切。据马老当年回忆，郭隆真烈士衣着整洁，神态安祥。

安居乐业

自古以来，人们只要能安居乐业，就会有娱乐活动。回民小区的回汉两族人民，也有着自己的娱乐生活。

清朝中期，济南西关高跷自鲁西南传入济南，为济南回、汉群众所喜闻乐见。逢年过节，热闹演出，为居民增添喜庆、热闹的气氛已成为传统。

20世纪90年代后，由"泉城神捕"马绪元和李长顺组织的回民高跷队，规模较之以往又上了新台阶。这一时期，社会大环境更好，交通也更发达，高跷队也有了众多外出演出的机会。每年腊月、正月及开斋节期间，他们除了活跃于城区各个角落，还应邀去外地演出，所到之处，均受到热烈欢迎。

而回民小区内最为著名的，是体育的传统。1921年，武术大师王兆林等在清真南大寺创立济南俊英体育社。时济南摔跤盛行，国货商场中间的空地亦是其中著名的一块跤场。新中国成立后，这一带体育俊杰相继涌现，回民小区走出了在全国第一届运动会上获民族式摔跤轻量级冠军的国家级健将马清宗，也走出了称誉中国篮坛的马连仲、马连民、马连保"马氏三杰"，以及曾是国内最好的大前锋、担任过中国男篮主教练的张斌。

（徐征/文）

先有长春观，后有济南府

自天下第一泉趵突泉的西侧向北，穿过饮虎池街，一座古朴典雅的明清建筑群突然出现于市井烟火之中，它就是始建于北宋大观年间的长春观。对这座济南最早的道观，老济南人中还流传着这样的说法，"先有长春观，后有济南府"。

世事起伏一道观

位于市中区长春观街1号的长春观，原由前、中、后三进院落组成，现存建筑为山门、东西倒座房、大殿、东西配殿、东西厢房、西廊庑、丘子洞亭及后阁楼。院落南北长96米，东西宽33.5米，占地面积3216平方米。

历史上，长春观数度兴废，元代至清代多次重修，香火鼎盛于明末清初。彼时，长春观宫观宏伟，殿堂重重，碑碣林立，翠柏成荫。山门上的"长春观"石匾，传为明代流寓济南的书法家雪蓑所书。考古学者崔大庸认为其与北京的白云观（相传同为丘处机所建）均为道教北宗的代表，在道教史上占有重要地位。

自清代中期始，长春观日渐衰败，庙宇建筑逐渐倾圮，不复原来庄严之面目，甚至湮为民舍。在附近居民的口耳相传中，新中国成立前，长春观大殿和后阁楼里曾有很多泥塑，后阁楼一楼有彩塑五座，中间为镀金像，二楼有玉皇大帝等七座彩塑神像。大殿里还有一口大钟、一面大鼓。据曾经居住在后阁楼的居民介绍，大钟需三四人才能围抱，响声悠长。

在文保部门接手之前，长春观成为贫苦居民的庇护所，逃荒的、拉地排车的、做小生意的，他们居住在后阁楼及院内新起的平房中，古老的长春观以它朴素而坚实的脊梁为他们遮风挡雨。1979年，长春观被公布为第一批市级文物保护单位。2004年6月22日，居住在长春观后阁楼上的曲红林一家迁往新居，长春观由文保部门正式接管，由此结束了一个世纪来长春观的民居功能。之后，横亘在长春观正殿与后阁楼之间的围墙被推倒，这座被人为分割的古建筑终于得以合二为一，重新团圆。

如今的长春观，大殿为三开间，进深四间，东西长12.76米，南北宽14.85米，硬山顶，前抱厦卷棚顶，屋面组合为勾连搭。顶覆黑瓦，正脊置宝刹，两端置螭吻。济南市考古研究所文物保护科科长艾楠介绍，2018年至2019年，考古部门对大殿梁架上的双龙戏珠、花卉纹以及暗八仙等油饰彩画进行了修补，暗八仙图案是八仙所持代表身份特征的法器，有吕洞宾的剑、铁拐李的葫芦和拐杖及其余众仙的箫、花篮、笏板等。修补之后的彩绘灿然美观。

长春观现存建筑中最有考古价值的是后阁楼，楼高两层，面阔三间，并有大型镂空木雀替。在二层木质滴珠板上，中间刻有浅浮雕三条云中行龙，两边行龙对称作回首相望状，活灵活现，如穿云端。

此次维修还对长春观东侧沿街围墙进行了修复，恢复了长春观的原始景观风貌，使这座历史悠久的道教建筑第一次直观地展现在世人面前。

神秘莫测丘子洞

在长春观的建筑中，以丘子洞的传说最多，也最为神秘。

丘子洞位于长春观大殿东北角，相传为丘处机潜心修炼的密室。洞距地表约2米，有石砌拱形门，洞口朝北，拱形门上方写有隶书"邱子洞"三字（"邱"原只用于地名、人的姓氏，自清朝开始与"丘"通用）。1986

年前后，文物部门曾清理过丘子洞，当时洞内有积水，无法考察深度，但是在离洞口不远的地方发现了一张石桌。

据明崇祯六年（1633）《历乘》载："长春观，西门外丘处机潜修处，平地一洞，蜿蜒数里，今没入民舍。"据民间传说，从丘子洞中穿行二十余里，可达济南南郊的"小庵"。关于"小庵"，一说是千佛山，一说是龙洞。

在2018年的这次修缮中，文物工作者下到洞中，清理了洞中的淤泥，洞中有两三平方米的空间，可容一人在里面修炼。那条"蜿蜒数里"的秘道不知其踪。

扑朔迷离长春观

长春观究竟建于何年，学界争议颇多。

传说，明代重修长春观时曾在废井中挖出一块残碑，上有大观五年初建的字样。济南著名学者严薇青先生曾考证，"大观"为宋徽宗的年号。但是，历史上"大观"年号只延续了四年，他认为，"大观五年"可能为"大观三年"的误写。而济南升格为济南府是在宋政和六年（1116）。如果残碑说为实，则济南成为宋府城的时间，确实晚于长春观。

而否定此说的证据同样充分。相传长春观得名于道教全真道北七子之一的"长春子"丘处机在此修道，但是，丘处机生活于1148年至1227年之间的金元年间，1220年方被赐庙"长春宫"，掌管天下道教。北宋大观年间，丘处机远未出生。

1985年春，在舜井商业街拆迁工程中，发现了由元代文学家张养浩篆额、史学家张起岩撰文的《迎祥宫碑》一通，碑文除叙述了济南的山水秀美和名胜古迹之外，更历数了自金代至元代百年间陈志渊及其众徒来济南建全真教庙宇的历史沿革，济南道教早期建筑华阳宫、迎祥宫由此找到初创年代，碑文中却只字未提长春观的始建情况。

济南考古研究所所长李铭通过研究长春观周边的街巷来历，认为长春观的前身很可能是佛教寺庙"大庵"，"大观五年"可能指的是"大庵"的初建年代。据明崇祯十三年（1640）《历城县志·建置·衢市》载："大庵巷，长春观前。"现在的长春观前为大杆巷，应为"大庵"之谐音。民间也传说长春观别称大庵。这为长春观的悠久历史找到了新的佐证。

　　无论长春观始建于何时，可以肯定的是，它至少与这座城市相伴了近千年的光阴。历经千年沧桑，长春观依然默默伫立在繁华市中心的一隅，不悲不喜，岿然不动。

（徐征/文）

古道朝京踏作河

20世纪30年代，老舍先生来齐鲁大学任教，为济南留下了诸多美文。在散文《到了济南》中，他戏说了济南道路之老旧难行，唯一"宽与平的马路一条"，在西门外。老舍先生提到的这条路，就是1927年建成的济南第一条柏油路——12米宽沥青铺装车行道、总17米宽的估衣市街，即现在泺源街道共青团路的一路分。它与普利街一起，是济南开埠后连接老城与商埠区的黄金通道。

估衣市街，顾名思义，是因出售旧衣或以较次原料加工的粗糙新衣的集市而得名。在经济不发达的年代，估衣行成为调剂民间日用生计不可或缺的重要商业活动。1904年，济南自开商埠，城市经济重心西移，后为方便商贾出入，在西圩子墙上增开了普利门和麟祥门。到20世纪20年代，随着机械工业对纺织品价格的冲击，估衣市街上只剩下为数不多的估衣店，但其他各行各业各色名店繁荣起来。

济南西关的繁荣，与其地理位置有着密不可分的关系。

旧时的济南城，北依大明湖。老城北门建于大明湖东北，名汇波门，取府城众泉水汇聚大明湖，由北水门流出城外之意。北门中为水路行船，两侧可走车马，交通并不便利，由济南城北上进京者，皆由西门而出。济南西关自古便是一处迎来送往的繁华之地。明代济南府诗人王象春作《齐音》107首，吟遍济南山泉湖城，其中写西关诗云："古道朝京踏作河，寒泉无奈热肠何。东门一样垂官柳，只是西门送客多。"

开埠后，一些商贾大户纷纷将商业重心及宅院迁移于这处交通要道，由估衣市街西口斜插至普利门的柴家巷，也更名为普利大街，西接商埠区的经二路，成为连接老城与商埠区的黄金通道。

柴家巷，初因柴市而形成，渐次有人建房居住形成巷落，得名柴家巷。柴家巷最早的记载见于明崇祯六年（1633）刻本济南府历城县史志《历乘》："三元宫，一在杆石桥，一在柴家巷。"据记载，柴家巷东起筐市街南口，西至会仙桥，北有靖安巷，南有郝家巷、西券门巷，全长417米。济南开埠后，在原西圩墙永绥门（杆石桥圩门）和永镇门（迎仙桥圩门）之间增开普利门，柴家巷拓宽更名为普利大街。开街之初，街长400米，宽7米。

普利大街繁盛之时，商家云集，店铺林立。药行有"厚德堂""赞育堂西记""鸿记药栈""大同西药房"；杂货行有"大生杂货店""福盛永杂货店""三源蜡烛铺""治香楼百货店""复衣和麻布店""廖隆昌瓷器店"；绸布行有"鸿祥永布店""谦祥益绸缎庄""义兴公布庄"；鞋帽行有"德华新记""仁昌""诚兴号""济昌同记""福顺西""永泰""谦恒吉""普华""天成东""元康"等；钱行有"元康"。除了商号，一些公务机构也在此设立，如1928年设立的西关商业公所警察分局等。

很多济南人都对普利街口的草包包子铺印象深刻，这个有着80多年历史的本土老字号，一直到20世纪80年代还是很多济南人打牙祭的饭馆。与"草包"在很多语境里的贬义不同的是，草包包子铺的创始人张文汉是因为生性憨厚而被送绰号"草包"，并不以为意地为自己的包子店起名"草包"。1937年卢沟桥事变后，张文汉携全家由泺口迁至济南，几经迁易，40年代初定于现址。旧时的草包，皮薄馅大，汤汁丰厚，以荷叶包之，清香伴着肉香。

草包包子铺第二代传人董馥生先生入职"草包"50年，做人做事诚信为本、以德为先，传承老面发酵工艺，用高筋特精粉擀制面皮，以精选猪肉制成馅料，配以潜心研究的独家秘制调料，成品的包子更符合现代人的口味。

董先生极为重视品牌保护，1990年对"草包"进行商标注册。草包包子铺先后获得了中华老字号、济南市非物质文化遗产等殊荣。

另一家在济南人心中地位特殊的老店，是位于普利街路南的普华鞋店，在工厂化制鞋时代之前，济南有"戴帽就上永盛东，穿鞋就快到普华"的说法。普华以经营千层底布鞋、用礼服呢做的皮底布鞋及老头乐毡鞋为主，其经营理念是发展巩固名牌，及时掌握市场信息，根据不同顾客需求，扩大经营品种。从办店之初，普华就一直对异形脚的顾客开展定做服务。时时为顾客着想，是它久盛不衰的原因之一。

在老照片里，估衣市街和普利街的老建筑有着鲜明的中西合璧的建筑风格，店铺多为沿街二层楼房，有拱廊、拱券门窗等。

如今，这一片历史街区的古建仅存原来的集云会馆，这是建于清嘉庆初年的估衣行会馆。会馆前殿临七十二泉之一的西蜜脂泉，称蜜脂殿，会馆内祭祀圣帝关公，故正殿称关帝庙。2001年共青团路拓宽时，藏于深巷之中的集云会馆及蜜脂殿、西蜜脂泉显露于大路边。

蜜脂泉，因泉水甘甜如蜜、饮后如脂悦口而闻名，自元代即有记载，明代晏璧更有诗赞曰："西池泉味比东强，何必天寒割蜜房。莫道脂甘能悦口，试将一饮胜天浆。"修缮后的这座建筑为前卷棚、后硬山式结构，体量不大，但森然而有古意。

有趣的是，"蜜脂"不仅有甜，更与一道与旧案有关的"密旨"相关。传说，当年山东巡抚丁宝桢将违例出宫的太监安德海捉住后，秘密关押于此。待慈禧太后来了密旨，丁宝桢果断决定"前门接旨，后门杀人"，先将安德海从关帝庙后门拖出斩首，再从关帝庙前的蜜脂殿出去接旨。

21世纪初，普利街以南大约60亩的三角地带被规划为多功能生态广场。2010年1月5日，位于普利街、顺河东街与共青团路三角交汇处的城市综合体济南绿地普利中心正式开工，2012年12月23日，主楼核心筒施工至地上45层，高度达190.8米，超过188米的济南明珠国际商务港，成为彼时的济南第一高楼。封顶时，济南绿地普利中心塔楼总高度为303米，为当时省内第一高楼。如今，这里是集商业、休闲、娱乐功能为一体的综合体。

其灯光秀也颇为著名，年轻人用它向心爱的人求婚，城市在这里庆祝它的节日。

时光如潮水般退去，社会在发展，城市在进步，旧事新章，一直在这片繁忙的城市中心地带上演。在绿城中心60层观光层，既可以将千佛山与大明湖、趵突泉一览无余，也可以看到扩大了的城市的更远的景致。时代给了我们更为高阔的视角，我们一次又一次地窥视过去，是为了更好地面对城市的现在，也为城市构建一个更为广阔与永恒的未来。

（徐征/文）